当代中国政治治理研究丛书

本著作系重庆市人文社会科学重点研究基地项目"重庆农村人力资源开发的机制设计与政策创新研究"（项目批准号：11SKB029）、重庆市教委高校人文社会科学研究项目"重庆农村人力资源开发政策的变迁轨迹与政策效应评价研究"(16SKGH231)的研究成果。

重庆农村人力资源开发政策的变迁机理与创新路径研究

吴江　李梅　著

西南大学政治与公共管理学院
西南大学公共事务与基层治理研究中心
西南大学三峡库区经济社会发展研究中心

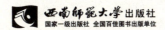

西南师范大学出版社
国家一级出版社　全国百佳图书出版单位

图书在版编目(CIP)数据

重庆农村人力资源开发政策的变迁机理与创新路径研究 / 吴江，李梅著. — 重庆：西南师范大学出版社，2017.11

ISBN 978-7-5621-8988-6

Ⅰ.①重… Ⅱ.①吴… ②李… Ⅲ.①农村－人力资源开发－研究－重庆 Ⅳ.①F323.6

中国版本图书馆 CIP 数据核字(2017)第 279526 号

重庆农村人力资源开发政策的变迁机理与创新路径研究

CHONGQING NONGCUN RENLI ZIYUAN KAIFA ZHENGCE DE BIANQIAN JILI YU CHUANGXIN LUJING YANJIU

吴江　李梅　著

责任编辑：张昊越

装帧设计：红十月工作室 RED OCTOBER STUDIO

排　　版：重庆大雅数码印刷有限公司·王　兴

出版发行：西南师范大学出版社

　　　　　地址：重庆市北碚区天生路 2 号

　　　　　邮编：400715　市场营销部电话：023-68868624

经　　销：新华书店

印　　刷：重庆荟文印务有限公司

开　　本：720mm×1030mm　1/16

印　　张：12

字　　数：235 千字

版　　次：2017 年 11 月　第 1 版

印　　次：2017 年 11 月　第 1 次印刷

书　　号：ISBN 978-7-5621-8988-6

定　　价：48.00 元

摘　要

农村人力资源开发是促进农村社会经济发展的力量源泉,也是现代化发展的必然趋势。充分发挥政策对重庆农村人力资源开发的基础性指导作用,是重庆处于社会转型时期的重要体现。重庆农村人力资源开发取得成效的关键在于政策的跟进,但是政策的滞后性及效应释放不足是阻碍重庆农村人力资源进一步开发的决定性因素。因此,从长远来看,重庆要提高城镇化质量、实现城乡统筹发展和加快推进新农村建设,必须立足实际,以创新驱动发展,实现重庆农村人力资源开发政策创新。

本书结合重庆整体社会经济发展战略与农村人力资源开发政策实施的客观现实,详细梳理国内外关于农村人力资源开发及其政策创新的相关文献,在借鉴人力资本理论、新经济增长理论、地方政府创新理论及政策生态理论等理论研究成果的基础上,形成对农村人力资源开发、农村人力资源开发政策创新的规范性认识。运用历史分析方法,揭示农村人力资源开发现存的问题,通过对既有政策进行时序概览,发现重庆农村人力资源开发政策变迁的框架和演进趋势。以此为分析基点,运用实证分析方法,从政策释放效应和政策创新影响因子两个维度,探寻重庆农村人力资源开发政策存在的问题和成因。并通过经济学计量统计分析方法,揭示重庆农村人力资源开发政策创新的影响因子,提出重庆农村人力资源开发政策创新的总体架构,设计重庆农村人力资源开发政策创新的促进机制,提出重庆农村人力资源开发政策创新的对策建议。

一、主要内容

本书的主要内容可分为导论、理论研究、实证研究和对策研究 4 个部分共 11 章。第一章为导论部分:通过对问题提出,厘清重难点和研究内容,提出研究假设和主要目标,确立研究思路、方法,并提出研究的创新点和不足。第二章至第三章为理论研究部分:在回顾国内外相关研究文献的基础上,通过理论借鉴和概念界定,辨析农村人力资源开发政策变迁与政策创新的概念意涵,并对政策变迁和政策创新的内在机理进行阐释,为研究提供理论基础和逻辑起点。第四章至第七章为实证研究部分:第四章通过对重庆农村人力资源开发的现状描述,揭示当前农村人力资源开发的主要特征和问题;第五章以时序概览的方式梳理重庆直辖以来的农村人力资源开发政策,透视其政策变迁的框架结构及其演进趋势;第六章通过实证分析既有政策效应,揭示当前农村人力资源开发政策效应释放不足的问题及其成因;第七章根据重庆发展现状,科学选取指标体系,对重庆农村人力资源开发政策创新的影响因素进行实证分析。第八章至第十一章为对策研究部分:根据重庆发展新形势,设计农村人力资源开发政策创新的总体架构,并配之以主体协调机制,最后提出重庆农村人力资源开发政策创新的对策建议。

二、基本结论

1.农村人力资源开发政策变迁是系列相关政策转换、替代与交替的过程,是高效率的新政策对低效率的原始政策的替代。

农村人力资源开发政策随着社会政治、经济等诸系统变量的改变而不断变化。农村人力资源开发政策变迁具有不可逆转性,但是,政策变迁也具有记忆性特征,即所谓的"路径依赖",具体表现为农村人力资源开发政策的滞后性。事实上,农村人力资源开发政策变迁是一个由众多"局中人"(包括政党、地方政府、农民组织、农民个人等)参与的互动博弈过程,只有博弈平衡才能达到政策需求与供给的均衡状态。

2.农村人力资源开发政策创新本质上是在社会经济发展新形势下,地方政府采取新的价值标准、重组政策参与主体、优化政策资源、使用多元化创新方式,对原有农村人力资源开发政策进行扬弃和超越的过程。

农村人力资源开发政策的宗旨是实现农村人力资源有效开发,手段是政策创新,关键受益主体是农民,最终目标是实现城乡经济协调发展和社会稳定。农村人力资源开发政策创新内容包括教育政策创新、培训政策创新、医疗保障政策创新和劳动力流动政策创新。以政策创新驱动发展,是提高农村人力资源质量,调整农村人力资源结构,推动国民经济快速健康发展的重要途径。

3.农村人力资源开发政策变迁与政策创新具有内在联系,实现农村人力资源开发政策创新是促进政策变迁良性发展的必然趋势。

虽然农村人力资源开发政策变迁不完全等同于政策创新,但是从农村经济增长、城乡统筹发展的角度出发,应当以政策创新为方向,以实现政策创新为目标。从过程方面来说,政策创新是政策变迁的主要手段和工具,政策变迁是政策创新的结果。只有通过大量的政策创新活动,才能真正实现政策向更高层次变迁。因此,要实现农村人力资源开发政策不断向更高层次演进,取得更好的变迁绩效,必然要加大力度进行政策创新。

4.重庆直辖以来的农村人力资源开发政策变迁始终坚持以人为本为主线,政策框架包括教育培训政策、社会保障政策、人才队伍建设政策、新型农民组织政策、就业创业政策、财税金融政策和户籍制度改革政策。

通过对重庆直辖以来107个农村人力资源开发政策的时序概览,可知重庆农村人力资源开发政策框架包括教育培训、社会保障、人才队伍建设、就业创业、新型农民组织、财税金融和户籍制度改革共7个政策模块。从政策的历史演变角度来看,重庆农村人力资源开发既有政策的演进趋势主要是以"以人为本"为主线,以打破制度障碍为根本支撑,逐步实现农民发展和农民增收问题。

5.由于主体机制不协调、制度体系不规范、农民素质不合理、经济发展不到位等原因的叠加影响,重庆农村人力资源开发政策效应不能得到有效释放。

农村人力资源开发政策不仅对农民发展及农村区域经济增长具有明显的内部影响效应,并且其辐射效应涉及社会经济等其他领域和地区。从农村人力资源开发的现状描述来看,重庆农村人力资源总量大、质量低、结构配置不合理。进一步地,通过内生效应和外生效应两个方面,深入评价重庆农村人力资源开发政策的效应问题,得出重庆农村人力资源开发政策效应释放不足,是重庆农村人力资源开发滞后的关键原因,其阻滞结构包括主体机制不协调、制度体系不规范、农民素质不合理、经济发展不到位等四个方面。

6.农村人力资源开发政策创新是多维度因子相互制约、共同作用的结果,其指标结构具有多重性,因子链条纷繁复杂。

根据指标体系构建原则,在数据处理和理论模型设计的基础上,运用现代化计量分析统计软件 PASW statistics 18.0 和 Eview 6.0,将制度环境、经济发展、主体机制、农民发展与政策系统5个层面共15个指标作为重庆农村人力资源开发政策创新的影响因子进行计量化分析,得出:农民全面发展是重庆农村人力资源开发政策创新的内在要求,经济持续稳定发展是重庆农村人力资源开发政策创新的基础前提,合理的制度环境是重庆农村人力资源开发政策创新的重要保障,主体联动机制是重庆农村人力资源开发政策创新的动力源泉,政策系统优化是重庆农村人力资源开发政策创新的基本通道。

7.农村人力资源开发政策创新是新形势下"四化"发展的现实选择,确立重庆农村人力资源开发政策创新的目标定位并构建其基本框架,是重庆农村人力资源开发政策创新路径选择的战略基础。

重庆政府在总揽全局、科学发展的基础上,将农业现代化、新型工业化、新型城镇化和城乡发展一体化作为经济社会发展阶段性的时势任务,是在新形势下对城乡关系的一种深刻认识和把握。重庆农村人力资源开发政策创新的目标定位包括战略目标定位、价值目标定位和内容目标定位三个方面。其基本框架是：以科学性原则、整体性原则、超前性原则和阶段性原则为四大指导原则；以制度改革为重点；以改革性制度、发展性政策、激励性政策和保障性政策为体系架构；以农民首创式、政府推动式、上下互动式和相互借鉴式等方式，推进重庆农村人力资源开发政策创新。

8.构建以政府主导带动、农村内生推动、市场良性互动的"三位一体"联动机制是重庆农村人力资源开发政策创新的动力源泉。

重庆要进一步推动农村人力资源开发政策创新，必须立足重庆实际，从协调处理好农村人力资源开发政策系统各要素之间的关系出发，具体协调好政府、农民和农村内部、市场等主体的动态运作关系。有效的人力资源开发需要依托健全的主体机制设计，"角色定位、关系到位、动力上位"是农村人力资源开发机制设计的关键，更是保证政策产生联动效应的力量集合。构建"政府主导带动，农村内生推动，市场良性互动"的三位一体的农村人力资源开发机制是当前新农村建设、统筹城乡发展的必然趋势。

9.实现农村人力资源开发政策创新的核心内容是实现制度环境、政策制定系统、政策执行系统、农村经济等四项内容的改革与创新。

根据重庆市政策发展体系，针对当前农村人力资源开发政策效应释放不足及其阻滞结构问题，并结合农村人力资源开发政策创新的影响因子，提出重庆农村人力资源开发政策创新的对策建议如下：识别政策供需矛盾，形成政策创新的生态环境；提高政策制定能力，促成制定系统的科学整合；提升政策执行能力，保证执行系统的目标完成；持续发展农村经济，集聚政策创新的承载效应。

三、主要创新

1.以政策创新视角研究农村人力资源开发问题。

从重庆农村人力资源开发现状来看，既有政策体系难以成为农村人力资源高效开发的助推力量，并且政策的滞后性是发展农业现代化、促进城乡统筹发展以及实现社会主义新农村建设的梗阻。因此，创新现有政策成为必要。本书结合重庆农村人力资源开发的现有政策，通过政策实施的效应分析，揭示当前农村人力资源开发存在的问题，以当前新形势、新背景为契机，对重庆农村人力资源开发进行政策创新。

2.形成农村人力资源开发政策创新的基本认识和探索趋势。

本书是在重庆农村人力资源开发既有政策的演变框架和特征、既有政策效应释放不足以及政策创新影响因素实证分析的基础上，构建重庆农村人力资源开政策创新的目标定位和基本框架。进一步地,重庆市具有大农村和大城市并存的典型特征,折射出全国农村人力资源开发的整体意蕴,因而本研究形成了对我国当前农村人力资源开发政策创新的演进趋势的基本判识。

四、对策建议

1.构建以"政府主导带动,农村内生推动,市场良性互动"三位一体的农村人力资源开发机制是当前重庆农村人力资源开发政策创新的动力源泉。

在特定经济背景下,农村人力资源开发与管理不能依靠某一因素的单独作用,而应该是公共部门、社会和市场通力合作,相互制约、相互影响的过程。因此,有效的人力资源开发需要依托健全的机制设计,"角色定位、关系到位、动力上位"是农村人力资源开发机制设计的关键,更是保证政策产生联动效应的力量集合。构建以"政府主导带动,农村内生推动,市场良性互动"三位一体的农村人力资源开发机制是当前新农村建设、统筹城乡发展的必然趋势。

2.重庆农村人力资源开发政策创新应以公平正义和以人为本为基本价值取向。

保证其政策创新的出发点和落脚点是顺应当前发展新形势,促进农村人力资源有效开发,进一步带动重庆"四化"快速发展。公平正义是重庆农村人力资源开发政策创新的核心价值目标。重庆农村人力资源开发政策创新中的人本导向,是强调农民是政策创新的出发点和落脚点,强调重庆农村人力资源开发政策要体现农民在农村经济增长、整个社会和谐、重庆全域经济发展中的动力作用,要从是否把农民发展置于核心地位、是否坚持农民主体原则、是否在统筹城乡发展中维护农民利益三个方面来创新农村人力资源开发政策。

3.识别政策供需矛盾,形成政策创新的生态环境。

农村人力资源开发政策受制度体系的制约,制度供给不足在客观上限制了农村人力资源开发政策创新的空间和创新能力的提升。因此,通过深化制度体系改革,提供充分的制度生态环境,是重庆农村人力资源开发政策创新的客观条件。其主要内容包括契合农民发展政策需求,实现政策创新的本土化,制度改革破除固化环境。

4.提高政策制定能力,促成制定系统的科学整合。

政策系统的输入能力和输出能力对政策创新起着决定性的影响作用,这种能力主要通过政策制定系统和政策执行系统的效率和效能体现出来。各级政策系统是农村人力资源开发政策创新的形成载体。实现农村人力资源开发政策创新,前提是政策制定系统的开放化和科学化。通过提高农民素质和畅通信息渠道,完善农民利益表达机制;通过改革系统管理体制和提高官员综合素质,科学整合系统内部结构,是优化农村人力资源开发政策制定系统的必然途径。

5.提升政策执行能力,保证执行系统的目标完成。

重庆市农村人力资源开发政策的执行系统更直观地表现为重庆市各级地方政府。实现农村人力资源开发政策创新,必须通过完善执行多元结构、健全监督控制网络以及合理配置政策资源等来优化农村人力资源开发政策的执行系统,增强政府的政策执行能力,提高政策创新的效率和质量。

6.持续发展农村经济,集聚政策创新的承载效应。

充分的资源供给,是农村人力资源开发政策创新的重要条件。通过统筹城乡、转变经济发展方式和优化产业结构等主要手段,可促进农村经济社会转型升级,提升重庆区域经济发展水平,增强对农村人力资源的吸纳能力,并以经济资源的最优组合及其对人力资本的充分投资,使人力物力能够有效集聚,合理配置政策资源,提高重庆农村人力资源开发政策执行的物质保障水平,从而达到政策创新的最佳承载效应。

关键词:重庆 农村人力资源开发 政策变迁 政策创新

第一章　导论

21世纪是人才的世纪，也是中国新农村崛起的时代，是农村人力资本再辉煌的新时代。十八届三中全会在《中共中央关于全面深化改革若干重大问题的决定》中提出："建设法治中国，必须坚持依法治国、依法执政、依法行政共同推进，坚持法治国家、法治政府、法治社会一体建设。"由此可知，依法治国是我国实现社会主义和谐社会的关键，其内在要求是构建全民依法治国的素质基础。在当前"三农"问题凸出、城乡治理结构失衡的背景下，加强农村居民法治意识，凸显农村法治效应，是实现依法治国的重要内容。对农村人力资源进行合理有效开发，使农民群众广泛参与到依法治村、依法治社活动中来，是充分发挥农村人力资源在依法治国中的积极性、主动性和创造性的基本途径。

重庆历来靠农兴业、环山兴镇，对农村人力资源开发不仅是建设社会主义新农村、统筹城乡发展的根本要求，更是消除二元经济结构、实现重庆社会和谐稳定的基本路径。重庆农村人力资源有效开发的为政之要关键在于政策引导，即从政策变迁规律入手，探究重庆农村人力资源开发政策创新路径。本章在明确研究问题的提出和研究意义的基础上，详细分析研究对象，设计总体框架，通过提出本研究的重点难点和主要目标，并运用恰当的研究方法和思路，为促进农村人力资源开发政策创新提供理论基础。

第一节　问题提出与研究意义

问题的提出是研究的起点，只有将研究问题置身于所在的空间、时间之中，才能使研究具有可行性和操作性。准确地把握研究意义，对于进一步提出研究的思路、方法、内容及特色具有指导性作用。

一、问题提出

农村人力资源是促进农村社会经济发展的力量源泉,也是现代化发展的必然趋势。充分发挥政策对重庆农村人力资源开发的基础性指导作用,是重庆处于社会转型时期的重要体现。

早在 1991 年《中共中央关于进一步加强农业和农村工作的决定》就指出:"没有农村的稳定和全面进步,就不可能有整个社会的稳定和全面进步;没有农民的小康,就不可能有全国人民的小康;没有农业的现代化,就不可能有整个国民经济的现代化。"我国是农业大国,农民和农村问题始终是中国革命、建设和发展的根本问题。农村人力资源开发是实现农业转型升级、农村持续发展的重要人才保障,也是实现城乡统筹,建设社会主义新农村的基础力量。重庆集"大城市、大农村、大山区、大库区"于一体,农村人力资源在重庆市经济社会发展中日益凸显其关键地位。继胡锦涛总书记 2007 年 3 月 8 日为重庆新阶段发展进行导航定向,提出"314"总体部署之后,2007 年 6 月 7 日,经国务院批准,重庆市被正式确立为全国统筹城乡综合配套改革试验区。2010 年,重庆跻身全国五大中心城市,成为西部经济社会发展的重要引擎,也是国家深化改革的政策实验区,这标志着重庆的影响将辐射全国乃至全球。2012 年,国务院正式批复同意《西部大开发"十二五"规划》,明确提出将成渝经济区作为重点经济区率先发展,重庆经济社会发展开启新篇章。李克强总理在《2014 年政府工作报告》中提出,新型城镇化必须着重解决"三个一亿人"问题,包括农业转移人口的户籍制度改革以及中西部地区农村人口的就近城镇化。这为位于西部地区的重庆农村人力资源开发提供了新平台。同时,在国家战略步步推进之下,两江新区成为重庆发展的先锋队,它将逐步建立起新型人才高地,并成为现代化农民工就业发展的蜂巢。在此大背景下,如何深入开发并利用农村人力资源,对重庆实现农业现代化、新型工业化、新型城镇化以及城乡统筹发展具有战略性、全局性、基础性的影响作用。

另一方面,政策对农村人力资源开发具有基础性的指导作用,重庆为突破当前人力资源开发瓶颈,大力推进农民工就业、户籍制度改革、社会保障、农村组织化经营等各项配套政策的制定与实施,在一定程度上缓解了农民工就业难、农民生产生活难等问题。但从政策释放的整体效应来看,既有政策难以适应当前出现的新形势、新问题,政策实施成果并不乐观,诸如农民返贫、权益保障失调、基础教育不公平、职业教育难延续、就业渠道多梗阻、创业平台少支撑等多种问题依然无法得到有效解决,已严重影响到农村乃至全市的社会稳定。因此,要进一步消除这些矛盾,就必须进行更深层次的改革与创新,即在既有政策的基础上吸取经验、展望未来,通过对政策变迁规律的认识,以政策创新引领农村人力资源有效开发,这必将是一个任重而道远的过程,同时也为进一步促进重庆农村人力资源开发提出了一个重大问题。

根据研究的逻辑思路,本书将研究问题具体归结为如下几个方面:1.农村人力资源开发及其政策变迁和政策创新的含义是什么? 农村人力资源开发政策变迁与政策创新的内部机理是如何运作的? 其政策变迁与政策创新之间的关系是怎样的? 2.重庆农村人力资源开发现状如何? 其主要特征和问题有哪些? 3.重庆农村人力资源开发的既有政策是如何架构的? 其演进趋势是怎样的? 4.重庆农村人力资源开发既有政策的内生效应和外生效应释放的结果如何? 其存在的问题及其原因有哪些? 5.重庆农村人力资源开发政策创新有哪些影响因子? 其影响程度如何? 6.根据当前时势,重庆农村人力资源开发政策创新的基本框架是什么? 其协调机制如何构建? 总体对策是什么? 上述问题都将是本研究需要深入考察和研究的问题。

二、研究意义

本研究具有重要的理论意义与实践意义。从理论上讲,通过考察重庆农村人力资源开发的相关政策,评价重庆农村人力资源开发政策的效应,指出重庆农村人力资源开发的制度障碍,并找到政策创新的突破口,形成新的政策框架,从而依托农村人力资源开发来实现各种资源的优化配置,加快实现城乡统筹与新农村建设的进程,可以更好地丰富农村人力资源开发与地方政府政策创新理论,为同类研究提供有价值的参考。

就实践而言,根据《2013年统计年鉴》,2012年重庆市常住人口为2945万人,乡村人口①为1266.89万人,占全市总人口的43%,重庆农村人力资源总量庞大,但总体素质偏低,分布不均衡是当前存在的主要问题。如何将农村人力资源转化为现实丰富的人力资本,为重庆经济社会发展创造动力,无论对重庆统筹城乡发展,还是对重庆整体经济社会发展都有重要作用。实践证明,重庆农村人力资源开发取得成效的关键在于政策跟进,但是政策的滞后性及效应释放不足是阻碍农村

---

① 乡村人口是指居住在农村或农村聚落的总人口,以农民为主,亦包括农村其他人员。本书中的乡村人口数是指乡村户数中的常住人口数,以公安部门的户籍统计为依据,其本质特征是经济或生活与本户连成一体的人口,包括农村常住居民、常住人口中外出的农民工、工厂合同工及户口在家的在外学生等;农村人力资源又称农村劳动力,由质量和数量两个部分组成。因此,农村人力资源是乡村人口中能够从事价值创造活动的劳动能力的总和,具有包含与被包含的关系。

人力资源深入开发的决定性因素。因此从长远来看,重庆要提高城镇化质量、实现城乡统筹发展、建设社会主义新农村,必须顺应重庆经济社会发展新常态,以政策创新为基点,构建重庆农村人力资源开发的系统工程。

第二节　重点难点与研究内容

基于本研究的问题,厘清重点和难点是设计研究内容的前提。本书的主要内容可分为导论、理论、实证和对策 4 个部分,共 11 章。

一、重点难点

本研究的重点:首先,从理论上探析农村人力资源开发政策变迁与政策创新的结构性机理;其次,根据重庆农村人力资源开发现状及其出现的问题,对重庆市直辖以来的农村人力资源开发政策进行线脉透视,分析重庆农村人力资源开发政策变迁的轨迹与趋势,同时,辨析农村人力资源开发政策的内生效应和外生效应,对重庆农村人力资源开发的既有政策进行效应评价;再次,在重庆农村人力资源政策变迁规律识别的基础上,探究农村人力资源开发政策创新的影响因子及其影响程度;最后,探索出一条适合重庆当前时势发展的农村人力资源开发政策创新路径,以总体架构设计为先导,主体机制协调为基础,采取积极稳妥、循序渐进以及全面规划的策略,从根本上保障并促进重庆农村人力资源的深度开发。

本研究的难点:一是在理论上,如何准确地通过对农村人力资源开发政策变迁与政策创新含义的理解,区分政策变迁与政策创新两者之间的内在联系与区别;二是在分析工具的选择上,如何恰当运用现代计量经济学软件和技术,采用方差分析方法,对重庆农村人力资源政策的内生效应和外生效应进行评价;三是在研究方法上,如何科学有效地通过建立对数线性模型,采用主成分回归分析方法,运用适合性检验、巴特利特球形检验、参数估计等分析方法,实证分析重庆农村人力资源政策创新的影响因子,进而设计新形势下进一步推进重庆农村人力资源开发政策创新的总体架构及其实现路径。

二、研究内容

本研究将人力资本理论、人力资源开发理论及公共政策生态理论与农村人力资源开发相结合，从政策创新视角来破解重庆农村人力资源开发问题。主要研究内容与篇章安排如下：

导论（第一章）：在详细把握研究问题的基础上，明确本研究的意义所在，厘清本研究的重点与难点，提出研究假设与研究目标，设计科学的研究方法和思路，指出本研究的创新与不足。

理论篇（第二章至第三章）：主要内容是，在总结国内外研究现状的基础上，结合前人理论研究成果，形成对农村人力资源开发、农村人力资源开发政策变迁与农村人力资源开发政策创新等的规范性认识。对农村人力资源开发政策变迁机理与政策创新影响机理进行理论阐释，分析农村人力资源开发政策变迁与政策创新之间的内在联系与区别，从而形成后续研究的理论基点和逻辑起点。

实证篇（第四章至第七章）：通过实证研究，为重庆农村人力资源开发政策创新提供经验基础和现实依据。一是通过对重庆农村人力资源开发的现状描述，揭示当前农村人力资源开发的主要特征及存在的主要问题；二是以时序概览的方式梳理重庆直辖以来农村人力资源开发的既有政策，并透视其现有政策框架及政策变迁的趋势特征；三是运用方差分析方法，对重庆农村人力资源开发政策的内生效应和外生效应两个维度进行评价，在此基础上，探讨重庆农村人力资源开发政策存在的问题及其成因；四是根据重庆发展现状，科学选取指标体系，运用统计分析软件，对重庆农村人力资源开发政策创新的影响因素进行实证分析。

对策篇（第八章至第十一章）：根据重庆发展的新形势、新背景，针对当前农村人力资源开发政策效应释放不足及其阻滞结构问题，结合农村人力资源开发政策创新的影响因子，具体设计重庆农村人力资源开发政策创新的总体架构，探索重庆农村人力资源开发政策创新的主体协调机制，并提出重庆农村人力资源开发政策创新的对策建议。

第三节 研究假设与主要目标

研究假设是一项科学研究得以合理存在的基本前提,是构建研究思路与框架的引路标,是形成严密的逻辑结构的重要保障。

一、研究假设

本研究主要着眼于农村人力资源开发政策变迁机理、农村人力资源开发政策创新路径的宏观界定,其研究假设如下:

1.政策供给与需求的失衡是农村人力资源开发政策变迁的原始动因,同时政策变迁是政策主体之间(即地方政府和农村农民内部)博弈的结果。农村人力资源开发政策创新具有内在的结构性影响机理。并且,农村人力资源开发政策变迁与政策创新具有内在联系,实现农村人力资源开发政策创新是良性的政策变迁的必然趋势。

2.农村人力资源开发既有政策对于农民自身发展不具有显著连续性的促进作用,而重庆农村人力资源开发政策的外生效应释放不均衡。政策效应释放不足致使当前农村人力资源开发政策难以成为农村人力资源进一步开发的助推力。

3.农村人力资源开发政策创新是多因素相互影响的结果。重庆农村人力资源开发政策创新是一个复杂的系统工程,制度环境、经济发展、主体机制、农民发展与政策系统等因素通过不同的机制对其产生或大或小的影响。

二、主要目标

以研究问题为导向,依据重点与难点的界定,本研究的主要目标为:运用系统的理论和方法,探索重庆直辖以来农村人力资源开发政策变迁的轨迹与演进趋势,通过对既有政策的效应分析,找出当前重庆农村人力资源开发政策存在的问题和原因,从而提出政策创新是解决问题的关键途径。进一步地,运用实证分析方法,挖掘重庆农村人力资源政策创新的影响因素,探索新形势下重庆农村人力资源开发政策创新的实现路径,以期为重庆推动农业现代化、新型工业化、新型城镇化和城乡发展一体化提供理论支撑和实证依据。

第四节　基本思路与研究方法

本研究的主要研究目的在于,试图通过对重庆农村人力资源开发政策框架的解读,对既有政策进行效应分析,找出现有政策缺陷,并以计量分析方法揭示其政策创新的影响因子,从而为重庆农村人力资源开发政策创新提供对策建议。

一、基本思路

本研究的研究思路是结合重庆整体社会经济发展战略与农村人力资源开发政策实施的客观现实,详细梳理国内外关于农村人力资源开发及其政策创新的相关文献,在借鉴人力资本理论、人力资源开发理论及公共政策生态理论等研究成果的基础上,形成对农村人力资源开发、农村人力资源开发政策创新的规范性认识,并就农村人力资源开发政策变迁及其政策创新影响机理做出理论阐释。通过对重庆农村人力资源开发的现状描述,揭示当前重庆农村人力资源开发的主要特征和问题。通过对既有政策的时序概览,掌握重庆农村人力资源开发的既有政策的框架和演进趋势。运用实证分析方法,从政策效应分析和政策创新影响因子两个维度,评价重庆直辖以来的农村人力资源开发政策的内生效应和外生效应,实证分析重庆农村人力资源开发政策存在的问题和成因,揭示重庆农村人力资源开发政策创新的影响因子。在此基础上,根据重庆"四化"同步发展的需求,确立重庆农村人力资源开发政策创新的总体目标和基本框架,设计重庆农村人力资源开发政策创新的主体机制协调路径,从而对重庆农村人力资源开发政策创新提出相应的对策建议。本研究的研究思路严格遵循了"理论—实证—对策"的研究路径,可具体展现为如下技术路线图(见图 1-1)。

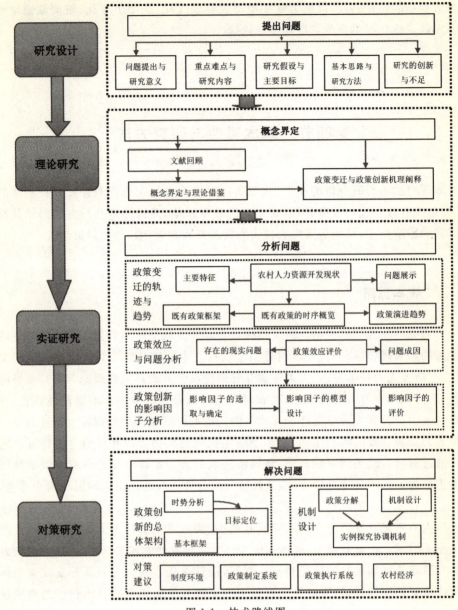

图 1-1　技术路线图

二、研究方法

本研究在查阅国内外相关研究文献的基础上,集成运用公共政策学、农村社会学、地方政府治理、农村经济学、政治学等多学科理论和方法,呈现规范分析与实证分析相结合、定性分析与定量分析相结合、历史分析与比较分析相结合的特色。具体来看：

规范分析与实证分析相结合。本研究通过理论依据和现实数据相结合，充分展现了研究内容的"应然"和"实然"状况。具体来说，农村人力资源开发及其政策创新的理论借鉴与概念规范呈现出规范分析的特性。同时，本研究运用基本统计分析工具与研究方法，根据重庆历年相关统计数据，基于具体政策展开对重庆农村人力资源开发政策效应的实证分析。

定性分析与定量分析相结合。定性分析是定量分析的理论基础，定量分析是定性分析的事实验证。本研究在农村人力资源开发的政策效应辨析与政策创新影响机理分析的规律性认识上采取定性分析。同时，通过建立模型，对农村人力资源开发政策创新的影响因子进行定量研究。

历史分析与比较分析相结合。历史分析和比较分析分别是从纵向角度和横向角度认识和总结事物的内在规律性。本研究以时间为序，对重庆直辖以来的农村人力资源开发政策进行历史回顾，并总结其政策框架和演变特征，充分呈现历史分析的特征。同时，在评价重庆农村人力资源开发政策的内生效应和外生效应部分，运用了比较分析方法。

第五节　研究的创新点与不足

对相关研究结果进行科学评价，通过找出不足之处，可以发现有待于进一步研究的问题。

一、研究的创新之处

根据研究内容，研究的创新点主要表现在以下两个方面。

第一，以政策创新视角研究农村人力资源开发问题。从重庆农村人力资源开发现状来看，既有政策体系难以成为农村人力资源高效开发的助推力量，并且政策的滞后性是发展农业现代化、促进城乡统筹发展以及实现社会主义新农村建设的梗阻。因此，创新现有政策成为必要。本书结合重庆农村人力资源开发的现有政策，通过政策实施的效应分析，揭示当前农村人力资源开发存在的问题，并在原因分析的基础上，以当前新形势、新背景为契机，对重庆农村人力资源开发进行政策创新。

第二，形成农村人力资源开发政策创新的演进趋势的基本判识。本研究是在重庆农村人力资源开发既有政策的演变框架和特征、既有政策效应释放不足以及政策创新影响因素实证分析的基础上，构建重庆农村人力资源开发政策创新的目标定位和基本框架。进一步地，重庆市具有大农村和大城市并存的典型特征，折射出全国农村人力资源开发的整体意蕴，因而本研究形成了对我国当前农村人力资源开发政策创新的演进趋势的基本判识。

二、研究的不足

重庆农村人力资源开发政策创新研究涉及内容广泛，是一项综合而复杂的工程。本研究以地方政府实现政策创新为研究视阈，运用计量分析方法，分别从内生效应和外生效应两方面对既有政策的实施绩效进行了评价，并揭示了重庆农村人力资源开发政策创新的影响因素，其研究成果、方法和思路可能为后续研究提供启发和借鉴。但是本研究更侧重于理论和数据的分析，与政策的生源地——地方政府政策系统接洽不足，因此有必要在微观操作层面进行深入分析和探讨，从而为农村人力资源开发政策创新提供可操作性程序和具体措施。

第二章　文献回顾

农村人力资源开发是实现农业转型升级、农村持续发展的重要人才保障,也是实现城乡统筹、建设社会主义新农村的基础力量。下面主要从农村人力资源开发、农村人力资源开发政策创新两个维度对国内外研究现状展开综述。

第一节　农村人力资源开发的国内外研究现状

对农村人力资源开发的相关研究进行回顾和总结,是研究农村人力资源开发政策变迁与创新的理论前提。关于农村人力资源开发的研究,国内外众多学者从不同的角度进行了阐述。

一、国外研究现状

国外关于人力资源开发的研究主要是以人力资本理论为基础的,大体上经历了两个阶段:第一阶段是"早期经济学家的人力资本思想"时期,威廉·配第最早对人力资本进行了概念界定。他提出了"土地是财富之母,劳动是财富之父"的著名论断。但真正提出人力资本理论的第一人是亚当·斯密,他奠定了理论研究的基本方向。这一阶段的代表人物还有法国的萨伊、德国的李斯特、英国的约翰·穆勒等人,主要阐述了人力资本对劳动价值的创造起着重要作用,提高人的素质有助于经济社会的发展。第二阶段是 20 世纪 60 年代"现代人力资本理论"时期,西奥多·舒尔茨首先提出了人力资本理论,他在 1960 年美国经济学年会上发表了一篇名为"论人力资本投资"的演讲,系统论述了人力资本理论对经济增长的决定性作用,他认为知识、能力和健康等人力资本增长对经济增长的贡献比物质资本和劳动力数量的增加要大得多,人力资源是在通过适当方式投资并为经济发展创造效益的过程中形成的。这标志着人力资本理论正式走入主流经济学的视野。1963 年舒尔茨(1982)撰写的《教育的经济价值》和加里·贝克尔(1964)的专著《人力资本》，对人力资本理论发展有着十分重要的影响。贝克尔(1987)认为人力资本投资是通过增加人力资本而影响未来的货币和物资收入的活动。他在《人力资本》中对正规教育成本和收益之间的关系进行了对比分析，讨论了在职培训的经济意义，还对人力资本和个人收入分配之间的关系进行了研究。他认为人力资本投资既要考虑当前经济收益，又要考虑未来的经济收益。贝克尔还提出了人力资本投资收益率的计算公式。在以舒尔茨与加里·贝克尔为代表的经济学家的努力下，提出了较为完善的人力资本理论。这个时期的代表人物主要有：美国经济学家西奥多·舒尔茨(Theodore W.Schultz)、雅各布·明塞尔(Jacob. Mincer)、加里·贝克尔(Gary. S.Beeker)、爱德华·丹尼森(Edward.F.Denison)等人。

国外关于农村人力资源开发方面的研究，从学者们的不同研究角度来看，其观点可聚焦为以下几个方面：一是农村人力资源开发需通过教育、投资等方式实现，并拥有技术、文化、知识、经济效益创造等能力[1]；二是农业经济可持续发展与农村人力资源开发呈正相关关系[2]；三是农村人力资源成为经济发展的关键力量[3]，政府要加强政策制定，并采取措施进行农村人力资源开发[4]。

二、国内研究现状

就国内的相关研究来看，现代人力资源开发理论最早在 20 世纪 80 年代传入我国，总体来看国内学者的观点比较一致，认为我国目前的人力资本存量不足，其结构是一种"小托大式"结构，而且利用效率是非常低下的。近年，随着党和国家将更多注意力投向"三农"问题，研究农村人力资源开发的学者及其发表的学术著作也逐渐增多，其观点主要有：(1)农村人力资源开发的必要性研究。如孔春梅认为农村人才资源匮乏是制约"三农"发展最大的瓶颈，农民素质低是影响农民充分就业和推进城镇化的关键问题。[5] 陈洛对中国西部人力资源开发进行了研究，他认

①Lucas,R.E. On the Mechanics of Economic Development[J]. Journal of Monetary Economics，Vol.22,1988:3—42.

②Lutz,Ernst and Micheal Young. Integration of Environmental Concerns into Agriculture Politics of Industrial and Developing Countries[J]. World Development,1992(20):241—253.

③Pierce,John,T.Agriculture,Sustainability and the Imperatives of Policy Reform[J].Geo forum,1993(24):381—396.

④Van Crowder,L. Women in Agriculture Education and Extension,FAO, Rome(Italy).Research[M]. Extension and Training Div,1997.

⑤孔春梅."三农"问题与农村人力资源开发[J].人口与经济,2004(5):50—53.

为人力资源是西部大开发的原动力,分析了西部人力资源开发的基本态势,总结了发达国家和我国发达地区人力资源开发的成功经验,认为教育是促进西部人力资源素质提高的根本,认为人力资源开发是促进西部人力资源转移的有效途径,提出了建立中长期西部人力资源开发机制。[①] (2)农村人力资源开发与农村经济发展的研究。如袁兆亿阐述了农村人才对转变农业经济增长方式的重要作用,提出了加强农村人才资源基础性开发的观点。[②] (3)农村人力资源开发与农民收入增长的研究。如王婉玲提出只有增加农民的知识和技能,才能提高农业劳动率,实现农民收入的较快增长和农业的可持续发展。[③] 李大胜和李琴主要探讨了农民培训与收入的相关性,表明技能高的劳动力可以获得新技能参与分配所形成的"经济租"。[④] (4)关于农村人力资源开发状况及策略研究。如李克强、李燕萍等提出我国农村人力资本投资的主要途径有加强基础教育改革如稳步推进九年制义务教育;加强农村职业教育和农民培训;大力促进农村网络、远程教育的发展[⑤];建设农民专业合作社并促其发挥作用;改善农民的营养结构和农村的医疗卫生条件等。[⑥]

重庆市内学者对于农村人力资源开发的研究主要集中于现状、问题、对策等几方面。认为重庆农村人力资源开发存在教育不平等[⑦]、结构不平衡[⑧]、综合素质较差[⑨]等问题;开发的难点在于开发主体缺失、开发内容局限[⑩];开发的途径重点在于普及教育、加强培训[⑪],加强城乡人才流通[⑫],转移农村剩余劳动力[⑬];完善农村基

①陈洛.中国西部人力资源开发研究[D].北京:中央民族大学,2003.

②袁兆亿.推进产业人才战略,加快经济转型升级[J].广东科技,2008(7):48—51.

③王婉玲.人力资本投资是解决三农问题的突破口[J].改革与战略,2004,20(10):73—75.

④李大胜,李琴.农业技术进步对农户收入差距的影响机理及实证研究[J].农业技术经济,2007(3):23—27.

⑤李克强.农民收入、农民发展与公共产品供给研究[M].北京:中国社会科学出版社,2010:279—285.

⑥李燕萍,涂乙冬.新型农民开发与新农村建设[M].武汉:武汉大学出版社,2012:137—144.

⑦曾国平,李汝义.社会主义新农村人力资源开发的着力点研究[J].重庆大学学报(社会科学版),2006,12(6):48—53.

⑧白硕,吴江,王邦祥.城乡统筹视野下的重庆市人力资源现状及对策研究[J].西南农业大学学报(社会科学版),2007,5(2):17—20.

⑨江凌,王德新.统筹城乡发展视野下的重庆市农村人力资源开发[J].西南师范大学学报(自然科学版),2009,34(6):190—195.

⑩吴江,杜焕英.统筹城乡发展的突破口:农村人力资源开发——基于内源效应实现角度的分析[J].求实,2009(4):82—84.

⑪胡鑫.城乡统筹发展视角下重庆农村人力资源开发研究[D].重庆:重庆大学,2010.

⑫唐荣卜.铜梁县农村富余劳动力转移的现状与对策初探[J].重庆行政,2007(2):41—43.

⑬张焕英.城乡统筹发展背景下的重庆市农村劳动力转移研究[D].重庆:西南大学,2011.

础设施,加强社会主义新农村建设①,架构以农民利益为核心,以教育制度、劳动就业制度、社会保障制度等为主要内容的"一心多面"的制度创新体系②。

综上所述,随着我国农村改革的不断深入以及人力资本理论的兴起,对农村人力资源开发的研究愈发凸显其重要地位。从上述分析来看,近年来学术界主要对农村人力资本投资以及实现城乡一体化建设的重要性进行了较为详尽的阐述,但是研究内容和方法更侧重于理论探索和互动关系研究,而对于农村人力资源开发政策因素较少涉及,对既有政策的演化及特征缺乏系统梳理,关于农村人力资源开发政策创新的研究更是屈指可数。因此,在后续的研究中,农村人力资源开发政策构建将成为一个研究重点。

第二节　农村人力资源开发政策变迁的相关研究进展

人类社会要进步就必须求变,要更大的进步或者要达到完美就必须不断求变,没有发生政策变迁的政策过程几乎是不存在的。从公共政策研究的学术脉络来看,第一代研究范式遵循自上而下的路径;第二代遵循自下而上的路径;第三代则强调综合性的网络研究范式。从政策变迁的研究角度来看,20世纪50年代着重于探讨政策形成的问题,60年代至80年代强调政策执行、议程设定、政策评估和政策终结,90年代以来则是再精细化和延伸政策执行与议程设置的研究,政策变迁开始大行其道。中国台湾的相关研究从政策行动者对政策变迁的主导程度,由低至高依序归纳出五种政策变迁的途径:循环途径(cyclical approach)、机会途径(opportunistic approach)、共识途径(consensual approach)、学习途径(learning approach)以及设计途径(design approach),以此检视西方有关政策变迁的理论观点。③ 毫无疑问,政策变迁作为公共政策研究的重要课题,已引起国内学者的广泛关注。

---

① 张宝伟.城乡统筹背景下重庆市农村人力资源开发研究[D].重庆:重庆工商大学,2009.

② 杜焕英,吴江.重庆农村人力资源开发的提升空间与机制设计[J].乡镇经济,2009(10):71—75.吴江,申丽娟.城乡统筹发展与农村人力资源开发的互动关系——基于重庆的经验证据[J].西南师范大学学报(自然科学版),2011(2):108—114.

③ 庄文忠.政策体系与政策变迁之研究——停建核四政策个案分析[D].台北:台湾政治大学博士论文,2003:74—96.

一、政策变迁相关理论概述

对政策变迁的相关理论进行简述,是研究农村人力资源开发政策变迁的前提和基础。关于政策变迁的相关理论涉及公共政策变迁理论、长期政策变迁的非线性理论及政策变迁的专家参与模式等。

(一)公共政策变迁的理论命题

所谓"政策变迁",意指一种既定政策的改变过程。政策变迁本身所隐含的意义为不论是受到外在条件或内在因素的影响,很少有政策一直维持着当初被采纳时的形式,相反地,它们是持续不断在演化之中。① 安德森认为,所谓政策变迁就是指以一个或多个政策取代现有的政策,包括新政策的采行和现存政策的修正或废止。包含三种形式:(1)现有政策的渐进改变。(2)特定政策领域内新法规的制定。② (3)选民重组选举之后的重大政策转变。③ 陈潭依据政策变迁时序和表现形态建构了"政策时滞""政策博弈""政策演进"三个理论纲要,并在三个理论纲要下尝试性地提出了九个基本的理论命题。④ 同时认为,任何一项公共政策的变迁都可能无法回避"均衡—失效—创新—均衡"这种方程式循环。⑤

(二)长期政策变迁的非线性解释

从 20 世纪 70 年代末 80 年代初开始的以范式为方法论基础的非渐进性研究时期,被认为是一个既有渐进发展,又有重大间断发生的复杂变化过程。具有代表性的概念和模型有:政策范式、交替循环模型、间断—平衡模型、倡导联盟框架、多源流框架等。这些概念或模型突破了传统的阶段启发法,体现了由利益集团,不同层次的政府机构、立法机构,以及研究者等共同作用的非线性政策过程。其中,间断—平衡模型关注长期的政策变迁过程,它同时解释了政策的渐进性变迁和有重大间断发生的变迁。与同时期其他模型相比,间断—平衡模型突出了长时期政策变迁过程中的非线性特征,在西方得到较广泛的应用。该模型建立在有限理性决

①Hogwood,W.Brian & B.Guy Peters.1983.Policy Dynamics.NY:St.Martin's Press.pp.225—226;p.25.

②杨代福.西方政策变迁研究:三十年回顾[J].国家行政学院学报,2007,(4):104—108.

③[美]詹姆斯·E.安德森.公共决策[M].北京:华夏出版社,1990.

④陈潭.公共政策变迁的理论命题及其阐释[J].中国软科学,2004(12):16—23.

⑤陈潭.公共政策变迁的过程理论及其阐释[J].理论探讨,2006(6):128—132.

策和制度结构的基础上,认为政府政策制定具有稳定性和间断性的特点,有效地解释了长期政策稳定过程中伴有偶尔急剧变迁的现象,为长期政策变迁提供了新的解释框架。①

(三)中国社会政策变迁的专家参与模式

朱旭峰选取社会政策变迁的两个关键属性:"损失嵌入性"和"知识复杂性",构建了一个社会政策变迁的分类模型,并界定了 4 种相应的专家参与模式:公众启迪—竞争性说服模式、内部参与—直接咨询模式、外锁模式、社会运动—简单决策模式。并运用利益相关者分析方法,对中国 4 个社会政策变迁的案例进行了比较研究,从中较清晰地勾勒出专家参与中国社会政策变迁的不同模式。②③ 应该说,朱旭峰的研究弥补了国内外对专家参与公共政策变迁研究缺乏的遗憾,对理解学者参与型治理、学者参与型(知识驱动型)制度(政策)变迁和知识驱动型(学者参与型)社会等具有很大的帮助。④

二、农村人力资源开发政策变迁相关研究

政策变迁过程起始于政策决策,止步于政策终结,重点环节在政策决策的议程设置和方案选择环节。

在农村劳动力转移方面,毛隽从动态的政策变迁视角,较深入系统地研究了我国农村劳动力转移面临的问题与对策,旨在探索要促进我国农村劳动力可持续转移,应该进行怎样的政策变迁或政策安排。毛隽认为非农产业的发展对农业劳动力的吸纳,是实现农业剩余劳动力转移的必要条件;政策直接制约着农业剩余劳动力能否转移,能够怎样转移以及转移的程度,因而对阻滞转移旧政策进行改革与变迁,是实现农业剩余劳动力转移的充分条件。当前农民工面临的困境的根源在于政策与制度的缺失。对此,毛隽分别从"农民工权益保障制度化,促进转移",以及"制定相应的产业政策,促使非农产业吸纳更多劳动力,促进转移"这两个方面入手,对促进转移的制度安排提出了构想。⑤

①杨涛.间断—平衡模型:长期政策变迁的非线性解释[J].甘肃行政学院学报,2011(2):36—42.
②朱旭峰.政策变迁中的专家参与[M].北京:中国人民大学出版社,2012.
③朱旭峰.中国社会政策变迁中的专家参与模式研究[J].社会学研究,2011(2):1—27.
④杨立华,申鹏云.中国政策变迁中的专家参与模式——评《政策变迁中的专家参与》[J].公共行政评论,2013,6(3).
⑤毛隽.中国农村劳动力转移研究——基于制度变迁视角[D].上海:复旦大学,2011.

在建立健全农村人力资源开发政策、推进制度改革与政府作用等方面,王湘芹认为地方政府一方面要逐步消除原有政策中的不合理因素,如劳动力转移过程中的户籍管理限制、农村土地租赁承包管理体制等,建立健全劳动力转移监督管理制度。另一方面,当地政府相关部门应从硬件如网络信息平台、软件如规章制度两方面做好人才市场建设引导工作。① 张晓妮认为,政府从改革农村医疗卫生管理政策入手,规范医疗卫生管理,改善医疗卫生服务,吸引社会资源兴办农村医疗机构,逐步完善农民的医疗保健制度和救助制度。② 何凤霞提出构建以市场为导向、以政府宏观规划和决策为指导、以法律规范为保证的农村人力资源开发新制度。③ 蔡军认为在市场经济背景下,要运用有效市场理论,通过政策和制度创新,合理配置人力资源,营造适宜人才发展的外部环境,是人力资源开发急需解决的问题。同时人力资源的开发需要一系列完善的法律法规,以保障人力资源的供应者和需求者的合法权益不受侵犯,创造一个公平、公正、公开的市场竞争环境,实现市场的规范有序运作。④ 隋眸在农民培训投资研究中提出政府作为公共产品的供给者,应当成为现阶段培训新型农民的主要力量。⑤

第三节　农村人力资源开发政策创新的国内外研究现状

公共政策创新在丰硕的实践样板中日益积淀起深厚的理论底蕴,在关于地方政府政策创新内涵的探究趋于完善的条件下,农村人力资源开发政策创新理论的研究在国内外正逐步展开。

①王湘芹.陕西农村人力资源发展现状、问题及对策[J].陕西农业科学,2009,55(3):176—177,211.

②张晓妮.关于开发西部农村人力资源的思考[J].中国农学通报,2005,21(10):432—434.

③何凤霞.关于西部农村人力资源开发的思考[J].农村经济,2003(12):74—76.

④蔡军,刘濛.河北省农村人力资源开发的现状与对策研究[J].中国农业资源与区划,2012,33(3):84—88.

⑤隋眸.政府诱导型农民培训投资机制研究[J].长江大学学报(社会科学版),2010,4(33):208—209.

一、国外研究现状

在现代社会,创新成为国际竞争的决胜筹码。最早提出创新理论的是美国经济学家熊彼特(J.A.Joseph Alois Schumpeter,1883—1950),他分别于 1912 年和 1942 年发表了《经济发展理论》和《资本主义、社会主义和民主主义》,首次将创新理论作为经济发展的核心。在公共领域中,政府也正是利用公共政策创新来实现社会管理不断向前发展。

在国外,地方政府政策创新的最早提倡者是 Jack L.Walker,其代表作《美国各州创新的推广》阐述了美国各州如何实现政策创新并使其推广,并对"渐进决策模式"进行了批判性评论,提出政策决策不是依靠渐进式,而是以创新实现公共政策的发展。20 世纪 80 年代,由于政府披露的局限,加之不断成熟的现代信息技术,市场化改革呼吁浓烈,政策创新逐渐在美国及其他国家兴起并受到广泛关注。

从宏观背景分析来看,国外关于农村人力资源开发政策创新方面的研究主要有以下两个方面。一是技术创新为政策创新提供了有利条件。在政府政策领域,技术创新包括网络创新、过程创新、技术扩散等,技术创新与政策创新相辅相成,两者相互促进。社会生活与经济发展各领域的技术创新为农村人力资源开发政策创新提供了技术条件,同时农村人力资源开发政策创新又为技术创新提供了人才保障。二是政府竞争为政策创新带来动力。政府竞争最早出现在经济领域,竞争制造压力,压力形成创新动力,政策作为政府实现政治经济社会管理的最主要手段与表现形式,农村人力资源开发政策对于促进农村经济发展具有重要意义。

从具体政策分析来看,国外学者涉及农村人力资源开发政策创新研究并不多。西奥多·舒尔茨将农业经济发展更多地归功于人的发展与技术进步,以教育及其投资方面的政策创新作为农村人力资源开发的重要内容。他根据美国 1929—1957 年的数据,测算了教育投资对经济增长的贡献为 33%,并相继出版了《论人力资本投资》《教育的经济价值》《人力资本投资:教育和研究的作用》等著作。舒尔茨认为,人力资本是通过后天培养和投资形成的,其投资政策包括以下内容:医疗保健、学校教育、在职培训、劳动力迁移等。加里·贝克尔在继承舒尔茨原有观点的基础上,进一步深化了相关理论,他将研究重点从基础教育转移到劳动力培训领域,并将其分为一般培训和特殊培训。其代表作有 1960 年的《生育率的经济分析》和 1964 年的《人力资本》。加里·贝克尔的理论阐述进一步将人力资本投资政策与经济效益结合起来,使农村人力资源开发政策更能适应当前形势需要,从而促成政策创新。因此,人力资本投资的相关政策只有在原有基础上实现突破,以提升人力资本质量为根本目的,才能实现农村经济增长,这形成了农村人力资源开发政策创新的重要理论。

二、国内研究现状

20 世纪 90 年代以来,由于政府管理体制的僵化,国内关于地方政府创新理论日益涌现,代表作有郭小聪的《中国地方政府制度创新的理论:作用和地位》(2000)[①],该理论认为地方政府创新对制度创新具有推动作用,有利于新制度首先在局部取得合法性;陈天祥的《对中国地方政府制度创新作用的一种阐释》(2004)[②]肯定了地方政府对制度创新具有重大的贡献,认为地方政府创新打破了旧有体制变迁的路径依赖,促成多样化的制度模式,有利于新制度的形成和发展。随着地方政府创新实践的逐渐深入,公共政策创新作为地方政府创新的重要内容,其研究也取得一定进展。与此同时,由于"三农"问题日益成为国家关注的聚焦点,地方政府的政策创新范围扩展到农村人力资源层面。关于农村人力资源开发政策创新的相关理论主要有以下内容。一是农村劳动力转移就业政策创新。[③] 农村富余劳动力转向非农产业就业或实现自由流动就业是消除二元经济体制、缩小城乡收入差距的重点[④],因此,有必要将产业结构调整、城镇化战略结合起来,选择正确的就业政策工具,实现农村劳动力转移就业的政策创新[⑤]。二是教育政策创新。教育作为社会发展的先导,实行统筹城乡教育综合改革是当前的趋势,必须将农民发展放在首要位置,以创新思路构建城乡良性互动的教育链[⑥],实现教育公平,才能提高农村人才培养质量。[⑦] 三是农村社会保障政策创新。包括农村养老保险、医疗保险等社会保障政策[⑧],建立城乡统一的社会保障制度[⑨],使其能够适应经济

---

①郭小聪.中国地方政府制度创新的理论:作用与地位[J].政治学研究,2000(1):67—63.

②陈天祥.对中国地方政府制度创新作用的一种阐释[J].中山大学学报,2004(4):19—24.

③李晓杰.农村劳动力转移政策研究[J].社会科学战线,2007(3):58—61.

④黄红华.统筹城乡就业中的政策工具——以浙江省湖州市为例[J].中国行政管理,2009(2):117—122.

⑤兰景力.中国农村劳动力转移的相关政策影响分析[J].学术交流,2011(4):139—143.

⑥张乐天.论现阶段我国农村教育政策变革与创新[J].南京师范大学学报(社会科学版),2006(3):92—96.

⑦李涛.对统筹城乡教育综合改革试验的若干建议——基于试验区重庆之微观视角[J].西华大学学报(哲学社会科学版),2008(5):95—98.

⑧林义,张海川.构建养老保险长效机制的 8 点政策建议[J].中国社会保障,2004(8):23—24.

⑨王欧,戚霞.建立养老保险的长效机制 促进可持续发展[J].辽宁经济,2005(10):8—9.

发展与社会环境变化,满足农民日益增长的需求,是实现农村人力资源开发的重要保障①。四是探索一条独特的政策路径。解安等认为在二元经济体制之下,应尽快建立一条独特的路径以解决目前人力资源由农村向城市单向流动的问题,即在政府主导下实施人力资源反哺政策,带动农村人力资源开发,从而促进农村经济发展。②

第四节　研究现状评述

从上述农村人力资源开发政策创新的国内外研究现状来看,可以做出如下评述:

一方面,随着农村改革的不断深入,农村人才成为农村经济发展的关键因素。鉴于人力资源理论在我国趋于成熟,学术界将这一理论广泛引入农村,特别是近几年的研究,已在农村人力资源开发的必要性、当前农村人力资源开发的困境与原因、农村人力资源与经济发展的互动性研究、农村人力资源开发的总体思路和主要举措等方面取得了较为可观的进展。

另一方面,我国农村人力资源开发尚处在探索阶段,虽然在上述研究领域取得了一定进展,证明其具有较强的理论意义和实践价值,但是对农村人力资源开发的政策引入较少,没有系统的政策导向梳理,特别是对政策的阐述仍停留在对几个文件的描述与引用上,没有深入探讨既有政策的演变路径及其效应,从而也就无法对现有政策效应释放不足的问题形成科学性、规律性认识。因此难以形成对农村人力资源开发政策变迁轨迹的系统认识,进而更难以构成农村人力资源开发政策创新思路,通常冠之以创新,却在理论上浅尝辄止。

从国家对农村发展建设进程来看,当前农村人力资源开发已进入新的历史发展阶段,农村人力资源的未来发展前景是不可估量的。可以说,现在乃至将来的一段时间里,农村人力资源都将成为农村经济发展的主力军,整个国家社会的发展稳定将与农村人力资源开发齐抓共进。而农村人力资源开发是否能在较短时间内取得突破性成就,还在于地方政府的重视程度,将农村人力资源开发真正置身于时代

---

① 邓大松,刘昌平.新农村社会保障体系研究[M].北京:人民出版社,2007:186—193.
② 解安."三农"工作机制创新:一条独特的路径[M].北京:清华大学出版社,2013.

背景中,在理论提炼的基础上,扎实稳步地推进公共政策的实践引导。

目前学术界关于农村人力资源开发政策创新的研究取得了一定进展,但现有的政策变迁与创新研究都是散见的,基本上是围绕某一具体政策展开的相关研究,没有形成系统的农村人力资源开发政策变迁规律与政策创新体系。本研究试图在农村人力资源开发的深入调研基础上,以政策解读为基础,透视重庆直辖以来的农村人力资源开发政策变迁轨迹与趋势,并对既有政策进行效应评价,揭示当前政策缺陷,通过适当的实证分析,重构重庆农村人力资源开发政策创新的基本框架,提出相应的协调机制与对策,从而为加快我国统筹城乡建设进程、实现小康社会目标、推进农业现代化提供政策建议。

第三章　概念界定与理论借鉴

　　基本理论规范是一系列概念的总和,它是学术研究的起点。农村人力资源开发政策变迁与政策创新是一个综合的理论体系。本章界定了农村人力资源开发、农村人力资源开发政策变迁以及农村人力资源开发政策创新等相关概念,在相关理论借鉴的基础上,对农村人力资源开发政策变迁与政策创新机理进行了结构性概述,旨在为后续实证研究和对策分析提供概念规范和理论依据。

第一节　相关概念界定

　　概念界定是理论研究的基础,对农村人力资源开发及其政策变迁与政策创新进行概念辨析,探索农村人力资源开发政策变迁与政策创新机理,并就两者关系进行区分,是深化认识重庆农村人力资源开发政策变迁与创新路径的逻辑起点。

一、农村人力资源开发

　　人力资源(Human Resource)一词最早是在 1912 年由约翰·R.科蒙斯(John R. Commons)提出的,它是指一定区域内人口总体所具有的从事价值创造活动的劳动能力的总和。

　　农村人力资源是指农村区域内人口总体所具备的能够从事价值创造活动的劳动能力的总和,一般称为农村劳动力。它由质量和数量两部分构成,其中农村人力资源质量是指农村人口所具备的体力和智力,主要通过后天培养形成,体现在农村劳动力的身体素质、道德品质、受教育程度、技能水平和其他创造能力上;农村人力资源数量是指在农村范围内有劳动能力的人口数量的总和,包括就业人口和处于劳动年龄之内(男性为 16～60 岁,女性为 16～55 岁)的其他人口。农村人力资源是农村经济社会和城乡统筹发展的基础资源,具有能动性、资本性、增值性、再生性、社会性和区域性等特征。

农村人力资源开发就是通过各种手段(包括发掘、培养、发展和利用等)对农村人力资本进行投资,提高农村劳动者整体素质,包括数量和质量两个方面,从而改变农村劳动力资源结构,使其适应农村经济发展规律,进一步促进经济增长和社会协调发展。其开发任务主要有三层:一是对农村人力资源现有能力的运用;二是对农村人力资源未来能力的培养;三是对农村人力资源潜在能力的挖掘。农村人力资源开发的基本内容包括体力开发、智力开发、知识开发、技能开发和迁移开发。农村人力资源开发有其特定的主体和客体,其中主体分为政府、企事业单位和社会团体、家庭和个人共三个层次。政府主要通过财政投资、法律法规、公共政策、行政职能等手段,为农村人力资源开发创造条件,并对其进行总体指导和全程控制,具有政策性、全局性、计划性、战略性和投资性等特征;企事业单位和社会团体是农村人力资源开发的主要承载主体,对农村劳动力进行具体的技能培训和在职教育,促使农村人力资源的开发和利用在社会经济发展中取得最大化效益;家庭和个人开发主要是对孩子或个人成长发展的资本投资,具有个体性特征。农村人力资源开发的客体主要是指从事农业生产的农村居民、进城务工农民和失地农户。

综上可知,农村人力资源开发的内涵包括三层:首先,既涉及对现有农村劳动力的开发,又涉及对潜在或未来农村人力资源的培养;其次,既要涉及对农村区域内或者从事农业生产活动的从业者进行开发,又要涉及对迁移(包括就地迁移和跨域迁移)就业人员进行开发;三是农村人力资源开发的直接目的是提高农村人力资源质量,最终目的是通过农村人力资源的最优化配置和利用,实现农村经济增长和社会和谐发展。

二、农村人力资源开发政策变迁

(一)农村人力资源开发政策概况

农村人力资源开发政策是公共政策体系中的一项重要政策内容,重庆农村人力资源开发政策是重庆地方政府政策的重要组成部分。

一般而言,农村人力资源开发政策是指各级政府在对农村人口、环境、经济、社会、文化等的深入分析基础上,为提高农村劳动力综合素质,加大农村人力资本投资,经由政治过程所选择和制定的,通过合法性程序贯彻执行的行动方案或行动准则,旨在调整农村人力资源结构,促进农村人力资源合理配置和科学利用,解决农村社会经济高效优质发展问题。农村人力资源开发政策具体包括农村人口政策、医疗保健政策、教育培训政策、农村土地政策、就业政策等方面。

(二)农村人力资源开发政策变迁

对政策变迁进行概念界定,是研究农村人力资源开发政策变迁与创新的根本前提。农村人力资源开发政策之所以严重滞后,从而制约了农民发展和城乡经济一体化,其中一个极为重要的原因是农村人力资源开发政策变迁跟不上经济社会发展节奏。

公共政策的制定过程主要包括:如何将问题予以概念化并排入议程,政府机关如何形成备选方案以及选择方案,而后是如何执行、评估及修正。在这些过程中,对政策影响最大的莫过于针对政策内容做某种程度的修正甚至是终止施行。政策修正包括创新(Innovation)、连续(Succession)以及维持现状(Maintenance),政策终止施行即是政策终结(Termination),属于广义的政策变迁。

政策变迁作为公共政策领域的一个重要研究课题,自 20 世纪 70 年代以来,西方学者进行了长期、大量的研究,形成了较为系统的概念界定。20 世纪 70 年代,学者主要对政策变迁的概念、类型、变量要素等进行了初步研究,主要通过观念改变、社会经济发展、制度变革、理性选择、政策系统网络等视角对政策变迁的动力因素进行定义性概述。20 世纪 80 年代中后期以后,研究的核心是政策变迁模型的构建,主要包括"循环模型、间断平衡模型、机会模型、倡导联盟模型、共识模型、学习模型、制度理性分析模型、设计模型、演化模型等"[1]。那么,到底什么是政策变迁呢?"诺斯认为政策变迁是制度不均衡时,追求潜在获利机会时发生的政策交替过程。"[2]我国学者对政策变迁的定义主要集中在具体政策的探究,何云辉"将我国大学生就业政策的变迁归结为中央政府、地方政府、高校、用人单位之间的利益与权力博弈的结果"[3]。赵义华"将高校定位政策变迁的动力归结为领导人意志、经济社会发展以及体制改革"[4]。田华文、魏淑艳认为"政策论坛通过推动政策学习导致双方信念体系改变,进而引发政策变迁"[5]。黄叙、凌宁认为"流动社会发展状况、流动社会风险、社会管理不完善、进城务工群体回流的社会损失等是促进进城务工群体政策变迁的重要动力"[6]。

①张云昊.大学人文社会科学教育影响政策变迁的理论模型建构[J].社会科学管理与评论,2013(1):32—36.
②王艳.中国保险公司制度变迁与创新研究[D].吉林:吉林大学博士学位论文,2014.
③何云辉.高校毕业生就业政策变迁的动力机制研究[J].江苏高教,2011(5):127—129.
④赵义华.我国高校定位政策的变迁及其动力[J].国家教育行政学院学报,2012(3):25—30.
⑤田华文.魏淑艳.政策论坛:未来我国政策变迁的重要动力—基于广州市城市生活垃圾治理政策变迁的案例研究[J].公共管理学报,2015,12(1):24—33.
⑥黄绪,凌宁.服务进城务工群体政策变迁的动力分析[J].岭南学刊,2014(1):110—116.

那么到底什么是农村人力资源开发政策变迁呢？根据政策变迁的本质内涵，这里将其定义为：农村人力资源开发政策随着社会政治、经济、社会等诸系统变量的改变而不断变化，根据交易成本理论（政策或制度的产生源于交易成本的降低或潜在利润的获取），其最终目的是实现交易成本最小化、政策收益最大化。实质上，农村人力资源开发政策变迁是系列相关政策转换、替代与交替的过程，是高效率的新政策对低效率的原始政策的替代。农村人力资源开发政策变迁具有不可逆转性。历史唯物主义表明：人类社会是由低级到高级、从简单到复杂的发展过程，农村人力资源开发政策变迁也是一个从无到有、以先进政策取代落后政策、以正确政策取代错误政策、以更为完善政策取代不完善政策的安排过程。但是，政策变迁也具有记忆性特征，即所谓的"路径依赖"，具体表现为农村人力资源开发政策的滞后性。由于既得利益的存在以及社会结构的稳定性，原有政策意图和集体行动选择得到不断强化，旧政策变革阻力较大。另一方面，政策问题是整个农村人力资源开发政策的逻辑起点，只有相关政策问题情境达到一定程度才能有下一步政策安排。因此农村人力资源开发政策变迁往往存在时滞性。事实上，农村人力资源开发政策变迁是一个由众多局中人（包括政党、地方政府、农民组织、农民个人等）参与的互动博弈过程，只有博弈平衡才能达到政策需求与供给的均衡状态。

三、农村人力资源开发政策创新

从理论上界定政策创新相关概念是探讨农村人力资源开发政策创新问题的前提。政策创新属于政治创新范畴，与政府创新、制度创新紧密联系，同时又具有其独特的内涵。农村人力资源开发政策创新对地方政府能力的提升、农村经济发展以及地方经济社会和谐进步具有重要意义。

（一）地方政府政策创新

"创新"一词最早出现于1912年经济学家熊彼特所著的《经济发展理论》一书中，他将其定义为"企业家对生产要素的新组合"。由此，在公共政策领域可将地方政府政策创新定义为地方政府在其合法性基础上对政策要素的新组合[1]，这里的政策要素包括政策主体、政策客体、政策资源、创新方式、价值要素等多个方面。地方政府政策创新就是通过政策要素的优化配置和新组合，完善政策运行体系，形成新的具体政策方案的过程。

---

①王国红.政策规避与政策创新—地方政府政策执行中的问题与对策[M].北京：中共中央党校出版社，2011：184.

从政策制定角度来说,政策是公共权力机关为实现公共目标、解决公共问题、实现公共利益而制定的一系列方案。创新则是在社会经济新发展动态下,为解决新问题而提出的新方案、新路径。因此,从这个层面上来讲,地方政府政策创新是指地方政府在外界环境变化和自身发展需要中,突破传统政治观念和政策体系,选择和制定适应当前经济社会价值的新方案,从而促进公共问题的有效解决。

从政策执行角度来说,政策是在执行过程中不断变化和发展的,即政策执行者是根据政策原则和政策执行区域特有环境条件而选择具体执行措施,不断调整政策行动路径,从而达到最佳执行效果的动态过程。地方政府贯彻执行中央政策,必须结合当地经济发展状况,制定适合本地区政策执行机构和环境特点的执行措施。政策执行人员要根据实际需要适时适地地规划具体行动方案,以解决在政策执行过程中遇到的各种问题。因此,地方政府政策执行不是按部就班的堆砌章程,而是根据实际状况进行不同层次的动态决策的过程,政策执行正是通过一系列的具体决策进行政策创制活动,从而实现政策目标甚至超越原政策目标,从这个层面上来说,政策执行过程也是地方政府政策创新过程。

从政策系统角度来说,地方政府的基本活动方式就是制定和执行政策。地方政府在治理环境的复杂变化中,通过“政策制定—政策执行—政策反馈—政策再制定”的循环往复过程来实现政策创新,政策创新在试点论证真实有效后,通过合法性机制予以推广,进而转化为制度创新。

(二)农村人力资源开发政策创新

根据地方政府政策创新的本质意涵,这里将农村人力资源开发政策创新定义为地方政府采取新的价值标准,重组政策参与主体,优化政策资源,使用科学的创新方式,对原有农村人力资源开发政策进行扬弃和超越的过程。其宗旨是实现农村人力资源有效开发,手段是政策创新,关键受益主体是农民,最终目标是实现城乡经济协调发展和社会稳定。农村人力资源开发政策创新内容包括教育政策创新、培训政策创新、医疗保障政策创新和劳动力流动政策创新等。随着知识经济时代的不断发展,传统农村人力资源开发政策已难以适应农村经济发展和城乡统筹的现实需要,通过地方政府政策创新进一步促进农村人力资源开发,以政策创新驱动发展,是提高农村人力资源质量,调整农村人力资源结构,推动国民经济快速健康发展的重要途径。

农村人力资源开发政策创新是社会进步的必然要求,是促进重庆市农村经济及整个社会可持续发展的关键。农村人力资源开发政策创新的一个基本价值在于,它将通过改变现存政策方式或政策体系来促进农民、农村、农业发展问题的有效解决。农村人力资源开发政策创新是政策主体对内外部环境形势变化做出积极回应的结果,特别是当前农村产业结构调整、城乡统筹遭遇瓶颈、经济增长呈现新常态,农民发展问题面临一系列新的而且更激烈的挑战时。总之,经济社会结构变化是农村人力资源开发政策创新的根源,也是地方政府进行政策创新的压力。更为重要的是,政策创新是制度创新的源头,即通过农村人力资源开发政策创新创造性地开展工作,以试点的方式逐步推广,从而在更大范围乃至全国各地推行,最终以制度的形式固定下来,对农村人力资源开发甚至整个社会经济发展形成长期有效的影响作用。

第二节　相关理论借鉴

理论借鉴是理论创新的前提。农村人力资源开发政策创新既涉及农民群体自身,又决定于政策创新的主体——地方政府,同时受当地经济发展的影响,其理论体系广泛复杂。根据科学性和统一性要求,本节主要以人力资本理论、新经济增长理论、地方政府创新理论和政策生态理论为评述对象,试图为农村人力资源开发政策创新提供理论借鉴。

一、人力资本理论

人力资本理论可追溯到经济学创始初期,其发展经历了一个"创立前期—理论创立—理论发展"的过程。

在人力资本理论创立前期,英国古典经济学创始人威廉·配第在《政治算术》一书中曾做如下描述,"土地是财富之母,劳动是财富之父",由此首次提出了"人的经济价值",并将人的"技能"列为创造劳动价值的第四个生产要素。其后,德国经济学家 E.恩格尔(1883)运用"生产成本法"计算出了人的经济价值,并指出人的价值是由"成本价值"(Cost Value)和"投资价值"(Investment Value)两部分组成。恩格尔对于"成本价值"做出了明确规定,即一个人成长过程中为劳动力所花费的全部费用,但是由于人力资本投资与消费的难以界定而没有具体规定"投资价值"的含义。此外,经济学家 W.法尔通过"现值收入法"也对人的经济价值进行了估算,提出人的资本价值等于未来净收入现值。19 世纪末 20 世纪初,经济学家对人的经济价值的探索涌现,虽然其计算结构有较大差异,但是人力资本作为独立的经济学概念逐渐成为西方经济学的命题。

第一次提出"人力资本"概念的经济学家是亚当·斯密,他在《国富论》中界定了四种固定资本,其中第四种固定资本是"社会上一切人们学到的有用才能"。他认为人的能力主要通过后天学习和实践得到,并且其费用可以得到偿还,可赚取利润。斯密首次突破了物质资本观念,而将人的能力作为一种资本范畴。英国经济学家马歇尔也提出"知识与组织是资本的重要构成部分,是最有力的生产力"[①],认为增强劳动者技能和本领是人力资本投资和提升的过程,并强调教育在人力资本投资过程中具有重要作用。

20世纪50年代末60年代初是人力资本理论的创立阶段,这一时期的代表人物有舒尔茨、贝克尔和明赛尔,他们分别从人力资本对经济增长的作用、人力资本微观分析方法以及人力资本在收入分配和劳动市场的研究等三个领域为人力资本理论的创立开辟了道路。首先,"人力资本理论之父"舒尔茨通过新的经济分析视角对经济增长的动力之源进行了探索,并确立了人力资本理论基本框架。舒尔茨关于人力资本理论的观点综述如下:一是将人力资本和物质资本同样归结为资本,并且指出对经济增长起决定性作用的生产要素是人力资本;二是人力资本主要通过投资形成,即是以货币形式支付的,为提高劳动者质量和时间价值的各种费用,包括医疗、教育和培训等一系列支出;三是人力资本投资是经济增长的主要源泉,这一论断是通过对物质资源投资和人力资本投资的经济收益进行比较而得到的实证考察结果。其次,明赛尔从收入分配角度研究了人力资本理论,他认为每个人的收入差别与受教育水平有着密切关系,并建立了两者相关关系的人力资本收益率模型。最后,贝克尔突破宏观研究方法,将人力资本理论运用微观经济分析使之以数学化、精细化和一般化。他把理论研究的重点从一般教育转移到劳动力培训上,并认为"人力资本投资的目的是考虑当前的经济收益,其投资的边际成本现值等于未来收益的贴现值"。1964年贝克尔发表《人力资本:特别关于教育的理论与经验分析》一文,这标志着人力资本理论的最终确立。以上论述对正确认识人力资本价值、合理选择人力资本投资范围和内容、优先发展教育兴国战略等具有重要意义。

在人力资本理论发展阶段,西方经济学界众多学者纷纷投入人力资本理论的发展、丰富和完善之中,代表人物有阿罗(Kenneth Arrow)、保罗·罗默(Paul M. Romer, 1986)和罗伯特·卢卡斯。首先,阿罗于1962年提出"干中学"模型,即劳动者在生产产品和提供服务的过程中获得经验积累,从而增长知识,使技术进步。"干中学"模型用累计总投资来表示技术进步,即人力资本作为一个有形要素投入表现出来,并随着物质资本的增加,人力资本水平得以不断提高,从而使技术进步内生化。其次保罗·罗默于1986年提出了知识溢出模型,即把知识完整纳入经济

[①]张美珍.农民专业合作社人力资源开发研究[D].陕西:西北农林科技大学博士学位论文,2010.

和技术体系之内,使其作为经济增长的内生变量,并将资本、劳动、人力资本和新思想归结为四要素增长理论。罗默认为内生经济增长的关键点是充足的人力资本库,即注重人力资本的总体积累。最后,卢卡斯建立了系统的人力资本模型,将人力资本积累作为经济增长的基础。人力资本主要以学校教育和实践学习两条途径得以形成,并通过人力资本积累推动技术进步,进一步促进资本收益率的提高,使经济增长速度加快。人力资本理论对于重庆农村人力资源开发的方式及其建立与经济发展相适应的劳动力市场具有重要指导意义。

二、人力资源开发理论

20 世纪 50 年代,随着古典经济学关于人力资本理论的创立及西方人力资源管理理论的出现,人力资源开发理论逐步兴起。总体而言,人力资源开发是指为提高劳动力资源质量而对人力资源所采取的发掘、培训、教育、利用和发展等一系列有计划的活动。人力资源开发是通过人力资本投资,提高劳动者整体素质,调整人力资源结构,促进劳动力合理流动,为经济发展提供人才保障。

关于人力资源开发理论的研究,国外代表人物有舒尔茨、威廉·阿瑟、刘易斯、费景汉、拉尼斯等人。其中,二元经济理论对人力资源开发理论的发展贡献最大。该理论是以人口流动模型为起点,后完善为一个发展经济学理论模型。首次提出人口流动模型的学者是刘易斯,他在 1954 年发表的《劳动力无限供给条件下的经济发展》一文中提出发展中国家存在工业部门和传统农业部门两个性质完全不同的部门,工业部门使用劳动和资本两种生产要素,而传统农业部门以劳动和土地为生产要素,这决定了传统农业部门中存在大量剩余劳动力,并且这种剩余供给在无限扩大,因此只有通过传统农业部门向工业部门转移剩余劳动力来达到平衡。20世纪 60 年代,在刘易斯模型的继承和批判基础上,形成了拉尼斯—费模型,在他们合著的《劳动剩余经济的发展:理论与政策》一书中提出以农村人力资源转移为核心,重视技术变化,在两个部门的资本积累和技术之间形成平衡状态,着重强调农业部门和工业部门的同步发展。20 世纪 60 年代末到 70 年代初,迈克尔·托达罗根据发展中国家在农村和城市同样存在失业和就业不足的实际情况,对刘易斯—费景汉—拉尼斯模型进行了修正,从个人迁移决策出发提出了托达罗模型。他认为农村劳动力向城市迁移的决策依据主要有两点:一是城乡实际工资差距;二是在城市找到就业岗位的概率。在托达罗看来,发展中国家应该主要通过扩大农村就业机会来缩小城乡之间的不平衡。二元发展理论为现代城市及农业发展、城乡统筹一体化、剩余劳动力有序转移提供了理论借鉴,对研究重庆农村人力资源开发、建立城乡统一劳动力市场具有重要指导意义。

三、公共政策生态理论

公共政策的制定和运行都是在一定的生态环境下形成的。生态环境对公共政策具有决定性影响,直接作用于政策问题的性质和公共政策的生命周期,它是公共政策创新的外部条件,决定着政府部门政策创新的行为取向。罗伯特·艾思顿(Robert Eyestone)用函数"$P=(E,G)$,其中 P 表示公共政策,E 表示生态环境,G 表示政府"[1]来概括公共政策与生态环境之间的相互作用关系。

公共政策生态理论源自于行政生态学。弗雷德·W.里格斯(Fred W.Rjggs)首次提出生态学理论,并运用生态学理论和方法研究新的行政管理理论体系,使行政生态学逐渐被学界接受,在行政管理领域成为一门系统的学科。里格斯曾将行政生态学描述为"自然以及人类文化环境与公共政策运行之间的相互影响情形"[2]的科学。首次提出公共政策生态理论的学者是拉斯韦尔(Harold Lasswell),他在《政策科学:范围和方法的近期进展》一书中,阐释了政策科学的三个特征,即跨学科视角、情境和问题导向的本质、规范性。拉斯韦尔针对以往政策研究只关注焦点问题,而忽略了社会情境的存在,于是提出了公共政策的情境性特征,即公共政策是在特定的政治、经济、社会和文化环境中运行的,确立了政策相关活动与外在环境之间的关系理论内涵。随着政策科学的不断完善,公共政策生态理论也从不同视角和领域得到了充分发展。托马斯·戴伊(Tomas Dye)认为公共政策体系由相互联系且彼此影响的三个组成部分构成,即利害关系者、政策环境和公共政策。[3]邓恩(Dunn)提出了整合性的政策分析框架,包括政策问题界定、政策方案预测、政策行动建议、政策结果检测等等。

综观上述理论描述,可以将公共政策的运行归结为外部环境因素与政府相互作用的结果,其外部环境可分为宏观生态环境和微观生态环境。宏观生态环境包括政治、经济、文化、社会和国际等因素。其中,经济—资源因素是公共政策运行中最直接和最深层次的环境,政治因素是决定公共政策基本性质及其合法程度的环境,社会因素为公共政策运行提供伦理基础和智力支持。微观生态环境是指某项具体公共政策所制定和运行的特定背景,具有特定性、多变性和突发性等特征。[4]

①Robert Eyestone.The Threads of Public Policy:A Study in Policy Leadership[J]. Indianapolis, 1971(18).

②彭文贤.行政生态学[M].台湾:台湾三民书局,1988.

③Tomas R.Dye.Understanding Public Policy[J]. New Jersey, 1975.

④严荣.公共政策创新与政策生态[J].上海行政学院学报,2005,6(4):36—45.

社会结构转型与经济结构调整是各级地方政府长期面临的政策生态,在公共政策生态语境下,研究政策创新问题,是当前新形势下农村人力资源开发突破瓶颈期的关键点,而公共政策生态理论为重庆农村人力资源开发政策创新提供了理论借鉴。

第三节　政策变迁与政策创新机理阐释

在农村人力资源开发政策变迁与创新相关概念与理论阐释的基础上,有必要对农村人力资源开发政策变迁机理进行理论分析。同时,农村人力资源开发政策创新具有内在的结构性影响机理,对其深入剖析是实现农村人力资源开发政策创新的逻辑起点。

一、农村人力资源开发政策变迁机理

政策是降低交易成本,提高经济效益的有效工具,农村人力资源开发政策对农村经济乃至整个社会经济发挥着有力的促进作用。农村人力资源开发政策效应随着社会经济结构不断变化而呈现递减状态,原因在于政策与生产力和技术水平之间存在矛盾关系。一定时期的农村人力资源开发政策是在当时生产力发展水平上应运而生的。同时,政策的产生又进一步促进了生产力的发展,但当其发展到一定程度,政策的有限性逐渐暴露,甚至会成为阻碍生产力发展的重要因素。因此,农村人力资源开发政策效应在一定时期内呈现"n"字形幅度。当政策效应值达到顶峰后,会随着时间的推进而呈下滑状态,既有农村人力资源开发政策供给便无法适应持续发展需求,政策效应滞后亟须政策更替,这种政策供给与需求的失衡就构成了政策变迁的原始动因。

1.政策变迁需求。农村人力资源开发政策变迁需求的产生归根结底是政策变迁所带来的潜在收益。农村人力资源在经济建设中发挥着越来越重要的作用,因此对农村人力资源开发政策也提出了更多要求,这些要求主要体现在以下几个方面:

一是增加农村教育经费投入,健全多元化农村教育体系,提高农村人力资源知识技术水平。构建低重心、多层次的教育框架,实现三类教育(九年义务教育、农村职业教育、农村成人教育)的公平、协调发展,是农村人力资源质量提升的关键。农村人力资源开发政策变迁对于建立合理的各级财政分级负担的教育经费投入机

制,拓宽教育经费总量的增加渠道,进一步完善政府职能,促进企业和社会力量共同参与的多元办学体制等具有重要意义,而这是现有农村人力资源开发政策效应难以达到的。在此情况下,促进了对农村人力资源开发政策变迁的需求。

二是建立健全农村医疗卫生社会保障体系,增加财政性农村卫生保健支出。农村地区医疗卫生投入不足是导致农村人力资源身体素质偏低的重要因素。长期以来,各级当地政府负责当地卫生事业发展,对医疗卫生事业的投入主要流向城市,医疗卫生资源城乡分配不均,农村预防保健体系瘫痪,卫生保健成本过高。在这种情况下,为建立健全农村社会保障体系,改善农村医疗卫生条件,增强农民身体素质,必然要求农村人力资源开发政策变迁。

三是调整城乡产业结构,发展农村经济,建立城乡统一的劳动力市场,实现城乡统筹一体化发展。农村人力资源开发的目的是通过农民自身发展,实现农民收入增加,从而带动农村经济增长,并进一步缩小城乡差距。但是现有开发力量不足,甚至在经济增长新常态下遭遇瓶颈期,因此无论是政府、社会、市场,还是农民自身,都希望农村人力资源开发政策不断完善,这也就促成了政策变迁的动机。

2.政策变迁供给。根据微观经济学观点,政策作为一种公共产品,政策供给主体之所以愿意供给新政策,原因在于原有政策失衡,政策变迁需求增加,政策变迁收益大于成本。"如果预期的净收益超过预期的成本,一项制度安排就会被创新。"①

一是政策变迁供给成本。政策变迁成本主要由政策设计及实施成本、政策变迁阻力成本、政策变迁纠偏成本等构成。政策设计及实施成本是影响农村人力资源开发政策变迁进程的重要因素。农村人力资源开发涉及空间范围大、行业范围广、利益主体多,政策设计过程中的博弈关系相当复杂,需要充分考虑各地域发展特点、城乡统筹状况、各阶层利益等。尤其在新农村建设,农业现代化、新型城镇化发展形势下,农村人力资源开发具有广泛性和专业性特点,政策设计和实施成本高昂。政策变迁阻力成本大部分来源于"路径依赖"——由于二元经济结构的存在,农民在思想上和实践上都已适应小农经济模式,农民自身发展意识不强、发展视野有限,农村人力资源质量提升缓慢。同时,由于城市经济的集聚效应,政府绩效更多地关注城市发展,造成农村资源配置不足,城乡差距进一步拉大。要克服这一体制性障碍,需要付出大量的协调成本。由于新政策在设计和实施上难免存在制度冲突或不完善现象,甚至存在一定的不确定性,导致政策变迁难以达到预期目标水平,从而造成一定损失,并且必须对新政策进行纠偏,从而增加了政策变迁成本。

---

① 戴维斯,诺斯.制度创新的理论,财产权利与制度变迁[M].上海:上海三联书店,1994:297.

二是政策变迁供给收益。成本与收益是相辅相成的两个方面,政策变迁收益是指政策变迁供给主体从政策变迁中所获得的收益。农村人力资源开发政策变迁对国家、企业、家庭、个人等都存在显著性收益。农村人力资源开发政策对提高农民综合素质具有直接作用,进一步促进了农村生产力的发展和农民收入的增加。通过政策引导农村人力资源教育性开发、迁移性开发等对缩小城乡差距具有重要作用。社会经济发展的推动力量和劳动率提高的重要因素,在于农村劳动力素质的提高,因此农村人力资源开发政策变迁对农村经济发展作用尤其突出。农村人力资源开发政策是一项涉及养老、医疗、就业、户籍等的综合性政策,其政策变迁有利于促进社和谐稳定发展。

3.政策变迁博弈。农村人力资源开发政策随着经济社会发展经历了多次变迁,实质上也是各方政策主体相互博弈的结果。本研究利用博弈论来分析农村人力资源开发政策变迁机理。

假设地方政府(Z)面临改革与不改革两种选择。若Z有动力进行自我改革,那地方政府付出的政策变迁成本就较低;反之,则较高。对于农村农民自身①(N)而言,面临自我改革与不改革两种选择,自我改革会在短期内承担一定的改革成本;反之,若接受国家自上而下的改革,政策变迁成本要低一些,收益矩阵如表3-1所示。

表3-1　收益矩阵表

N　　　　Z	改革	不改革
改革	a ,b	c,d
不改革	e ,f	g ,h

就Z而言,若Z改革难度大、面临阻力大,那么改革成本高,会直接影响到净收益。若N通过自行改革来配合Z改革,那么Z的净收益为a ,若N因封闭状态或过于贫困落后,只是被动接受改革而不是自觉改革,Z的净收益就会降低为c。就N而言,在国家实施改革政策的情况下,自己不进行改革,让Z来承担改革成本时,收益为d,若Z不出台改革政策而自我改革,将承担更多的政策变迁成本,净收益将为f。如果双方都不进行改革的话,收益维持现状,Z和N收益分别为g与h。具体博弈过程表现为:

根据博弈理论,零和博弈是指一方所得为另一方所失,收益不会增加,其总和为零;非零和博弈是指一方所得并非另一方所失,且收益总量会增加;纳什均衡则指在

---

① 这里的农民是指农村区域内人口总体所具备的能够从事价值创造活动的劳动能力的总和,即农村劳动力。

给定其他人战略的条件下,每个参与主体选择自己最优的战略,并由所有参与主体最优战略组成一种战略组合。因此,在政策变迁中,参与主体的合作状态具有最佳收益,即处于(改革,改革)或者(不改革,不改革)状态。显然,根据需求与供给矛盾,(改革,改革)是对社会经济发展最优的选择,但是由于参与主体拥有的不完全信息,一次博弈通常不能使政策处于各方都满意的状态,而是需要多次持续博弈的过程。并且由于路径依赖,尤其是旧体制下既得利益的阻碍,自己不改革要比改革要好,使(不改革,不改革)陷入囚徒困境,偏离了社会经济发展最优的战略组合。

随着统筹城乡区域经济社会协调发展、全面建设小康社会步伐的推进,对农村人力资源开发需求越来越高,Z 为了满足当地社会经济发展,具有通过政策供给解决"三农"问题的意愿,而农村人力资源在经济建设中发挥着越来越重要的作用,因此农村人力资源开发政策成为供给重点。这种情况下,维持原有政策会导致成本过高,政策变迁带来了帕累托最优。如建设劳动力统一市场,虽然会冲击城乡二元体制,既有社会利益结构遭到损害,但由于剩余劳动力迁移、就业机会增加,农民增收,促进了社会公平与经济发展。因此,$a > e, c > g$,使改革成为 Z 的最优战略选择,囚徒困境在一定程度上被打破,博弈均衡由(不改革,不改革)演进为(改革,不改革)。

对于 N 来说,虽然不主动改革会降低变迁成本,但是紧靠由上而下的政策变迁无法摆脱贫困落后局面。随着城乡二元结构打破、新型城镇化步伐加快,对落后的农村现状、农民贫困问题形成巨大冲击。因而 N 为建设社会主义新农村,缩小城乡差距,提高农村人口综合素质,具有了自发改革的动力。当自我变革的收益大于成本时,即 $b > d$,改革成为 N 最优的策略选择。这样,博弈均衡由(改革,不改革)演化为(改革,改革),从而实现纳什均衡,使社会经济发展效益最大化。

由此可见,农村人力资源开发政策变迁是一个动态、持续的博弈过程。如图 3-1 所示:

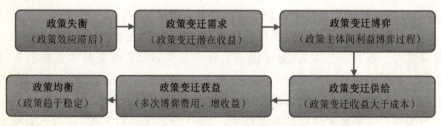

图 3-1　农村人力资源开发政策变迁机理

二、农村人力资源开发政策创新影响机理

影响机理是指事物变化相互作用的内在规律,即在一定环境条件下功能系统结构中各组成要素之间的相互影响关系。[①] 农村人力资源开发政策创新的影响机理主要体现在农村人力资源开发政策创新与农民增收和经济增长之间的相互联系上。

政策创新是政治创新的一种主要形式,政策创新经实践认证,最终形成制度创新,制度是保障经济持续稳定增长的核心。农村人力资源开发政策创新的直接目标是实现农民增收、农村经济发展,最终目标是促成城乡统筹一体化以及国民经济的高效优质发展。因此,农村人力资源开发政策创新从制度层面解释了农民增收和经济发展问题。

根据人力资本理论,制度作为人力资本在投资和利用过程中的外生变量,起着规范、控制、协调等作用。通过政策创新来达到有效的人力资源开发,是对传统人力资本理论范围和内涵的继承和发展。农村人力资源开发政策创新的影响机理是一个"政策创新—制度形成—农村人力资源开发—农民增收和经济增长"的实现过程。具体来说,分为以下几个层面。

1.根据社会经济发展新形势,农村人力资源开发政策突破原有政策体系,出台新的系列政策,如医疗政策、财政政策、市场政策、土地政策、户籍政策等以解决当前出现的新问题。政策系统(这里主要指地方政府)通过合理利用新的政策工具、采用新的价值标准来提升政策制定能力和政策执行能力,从而达到或超越政策目标。在具体的农村人力资源开发政策创制的基础上,完成系统化和整体化的政策创新,并经过实践验证和推广,最终通过合法性程序以制度的形式固定下来,实现农村人力资源开发制度创新。制度对农村人力资源开发起着长期稳定性的激励作用,进而对农村经济乃至整个社会经济发展有着衡量影响。

2.通过政策创新所形成的农村人力资源开发制度,是调节农村人力资源及其社会关系的一系列规范体系,对于促进农村人力资本投资收益最大化具有直接影响作用。农村人力资源开发制度由四个核心维度构成:一是人力资本产权制度,即人力资本所包含的知识、技能、品质等的所有权、配置权、占有权、收益权等,它是农村人力资源有效配置和使用的基本制度;二是人力资本投资制度,即在人力资本投资过程中,对教育、培训、医疗保障和劳动力迁移等各项内容进行规范的制度体系,

---

[①]贺喜灿.人力资源开发视角的农民增收长效机制研究[D].江西:南昌大学博士学位论文,2010.

它是形成人力资本投资的重要保证；三是经济制度，即运用市场机制功能对农村人力资源开发中的人力资本投资、配置和利用等起着直接调节作用；四是非正式制度，即在政策和文化环境影响下形成的价值观念、社会风气、道德意识、行为习惯等，具有自律作用。

3.制度对农村人力资源开发的影响作用，主要通过农村人力资本的投资、配置和利用以及收益分配三个层面表现出来。一是制度促进人力资本投资。农村人力资源开发制度明确规定了地方政府、事业单位、团体组织和农民个人在人力资本投资体系中的权、责、利等关系，有利于农村人力资源开发系统的构建，同时非正式制度也在一定程度上激励了农户个人的人力资本投资行为。二是制度促进农村人力资源合理配置和利用。根据人力资本的专用型特征，制度规范了农村人力资源的配置空间和信息网络，并通过农民的自主流动来增强资源配置的科学合理性，从而达到农村人力资源的最优配置和最大化利用。三是制度促进人力资本投资收益合理分配。通过人力资本的投资增长，优化投资主体补偿结构，促使未来预期收益增加，形成农民增收长效性循环机制。

4.在农村人力资源开发制度创新形成环境下，农村人力资源开发通过智力开发与素质培养，增强农村劳动者的生产生活能力，从而实现农民增收，并最终达到经济增长的目的。人力资源开发是一个"投入—开发—产出"的不断循环过程。亚当·斯密认为"人学习所花的费用（即人力资本投资）可以得到偿还，并为个人和社会带来收入和利润"，强调了个人生产能力的提高需要通过智力开发与素质培养来实现。可见，人力资本与生产效率之间不是互不影响的，而是紧密联系的正相关关系。同样，之所以进行农村人力资源开发，原因就在于农民素质的提高与农村经济效益和社会管理目标的实现是一个相辅相成的过程。农村人力资源开发主要是通过提高农村劳动力整体素质来实现的，它包括智能素质和体能素质两个方面。智能素质除先天性影响外，更重要的是通过后天教育、培训所得，而体能素质则主要取决于医疗卫生保健，其决定性因素在于个人和社会的支出方式和结构。因此，要实现农村劳动生产率的提高和农民收入增加，就要进行农村人力资源的开发，其过程就是在制度激励和约束条件下进行供求层面的农村人力资本投资，投资水平越合理，劳动力整体素质也越高。同时，在既定政策框架下对农村人力资源进行合理配置和利用，即完善市场机制和就业体系，实现农村人力资源充分就业，使投资成本转化为能力效益，实现农民增收、农村经济发展，最终促成城乡统筹一体化以及国民社会经济的高效优质发展，从而达到经济效益和非经济效益的最大化。由此可知，在政策创新形成的相对稳定的制度环境下，农村人力资本投资与产出效益之间是通过劳动力整体素质的提高和优化配置这两个桥梁连接起来的。

综上所述，农村人力资源开发政策创新的影响机理如图3-2所示。

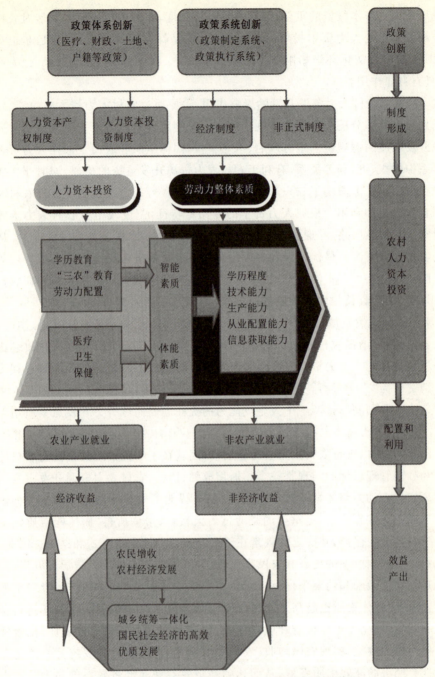

图 3-2　农村人力资源开发政策创新的影响机理结构图

三、农村人力资源开发政策变迁与政策创新辨析

农村人力资源开发政策创新是农村经济增长、产业结构变化以及社会经济和谐发展的需要,通过对相关政策的不断完善、推陈出新,创新农村人力资源开发政策的价值标准、制定系统、执行系统、主体机制、方式等,使农村人力资源开发政策创新制度化、规范化。由农村人力资源开发政策创新的内涵可以看出,政策创新就是以创新驱动发展,即对原有农村人力资源开发政策进行扬弃和超越的过程,从本质上说是一种政策变迁。因此,从某种程度上说,政策变迁等同于政策创新。

但是从严格意义上来讲,政策变迁并不完全等同于政策创新。政策变迁是一种政策的变化过程,既可能向好的方向变化实现发展,也可能向坏的方向变化出现倒退。只有符合人类发展规律和社会经济发展需要、适应生产力发展要求和方向的政策变迁才是有效的政策变迁。从结果方面来说,政策创新实质上也是一种政策变迁,创新结果的产生是为了适应生产力发展及实现社会经济结构变化而采取的各项创新活动,是一种有助于社会经济和谐发展的有价值活动。因此,农村人力资源开发政策变迁虽然不完全等同于政策创新,但是从农村经济增长、城乡统筹发展的角度出发,应当以政策创新为方向,以实现政策创新为目标。但是,从过程方面来说,政策创新是政策变迁的主要手段和工具,政策变迁是政策创新的结果。只有通过大量的政策创新活动,才能真正实现政策向更高层次变迁。

农村人力资源开发政策变迁经历了多个阶段,并取得了较大的成就,但在政策变迁过程中既有积极的政策变迁,也存在倒退的政策变迁。从政策创新层面来说,一是没有始终将政策创新作为政策变迁的目标,二是没有以政策创新为主要形式和手段来进行良性政策变迁。因此,要实现农村人力资源开发政策不断向更高层次演进,取得更好的变迁绩效,必然要加大力度进行政策创新。

小结

农村人力资源开发政策创新必须以科学理论为依据。本章在农村人力资源开发、农村人力资源开发政策变迁和农村人力资源开发政策创新等概念界定的基础上,对人力资本理论、人力资源开发理论和公共政策生态理论进行系统的理论借鉴,并对农村人力资源开发政策变迁和政策创新机理进行了结构性阐释,进一步分析了政策变迁与政策创新的联系和区别。笔者试图通过本研究,为后续研究搭建充分的理论规范和支撑依据。

第四章　重庆农村人力资源开发的图景概览

农村人力资源开发是农村经济发展、农业产业结构变化以及农民发展的必然趋势。本章通过对重庆农村人力资源开发现状的概览，深入分析当前重庆农村人力资源开发的主要特征和问题，以期为农村人力资源开发政策及其内外效应提供基础依据。

第一节　重庆农村人力资源开发的现状素描

重庆直辖以来，农村经济有了长足发展，但农村人力资源开发仍显滞后，具体来说总量大、增速快，素质偏低，人才资源配置不合理是当前重庆农村人力资源开发的现状。

一、重庆农村人力资源开发的数量概况

农村人力资源是指农村范围内人口总体所具有的体力和脑力的总和，它包含数量和质量两个方面。人力资源首先是由数量所决定的，农村人口数量是构成农村人力资源的基础，重庆历来有"农民城"之称，农村人口总量大。从表4-1可知，从1997年到2012年重庆农村人口和劳动力始终占总人口一半以上。截至2012年重庆总人口为3343.44万人，其中农村人口2303.10万人，农村劳动力2013.11万人，分别占总人口的69％和60％。从变化趋势来看，农村人口数量及其占总人口的比例呈现逐渐下降趋势，但比重仍然偏大；相比之下，农村劳动力的绝对数量和比值则呈"W"状增长趋势。由此可知，农村人力资源数量庞大，滞留在农村的大量剩余劳动力制约着农村经济的发展，对其进行合理的开发和利用，有助于农村生产力的提高。

从对四个直辖市的比较数据来看，一个地区的人力资源包括潜在人力资源与

显性人力资源,因此,农村总人口的数量代表着整个农村人力资源的规模。2012年,全市常住人口为2945万人,乡村人口为1267万人,占全市总人口的43.02%。与其他三个直辖市相比,重庆市不仅总人口最多,并且农村人口的数量也大大高于京、津、沪(如表4-2)。随着重庆人口的持续增长,农村人口也会不断增加,"三农"问题日益突出。在农业现代化发展的今天,最大限度地开发农村人力资源,使其转化为人力资本优势,是当前重庆实现经济社会协调发展的必然选择。

表4-1 1997—2012年重庆农村人口与劳动力构成情况 单位:年、万人、%

项目	总人口	农村人口	农村劳动力	农村人口占总人口比例	农村劳动力占总人口比例
1997	3042.92	2452.75	1906.24	0.81	0.63
1998	3059.69	2445.12	1852.68	0.80	0.61
1999	3072.34	2442.47	1841.46	0.79	0.60
2000	3091.09	2440.32	1868.04	0.79	0.60
2001	3097.91	2438.79	1829.56	0.79	0.59
2002	3113.83	2443.21	1881.97	0.78	0.60
2003	3130.10	2436.47	1933.17	0.78	0.62
2004	3144.23	2425.25	1944.77	0.77	0.62
2005	3169.16	2430.93	2012.75	0.77	0.64
2006	3198.87	2418.40	2001.61	0.76	0.63
2007	3235.32	2413.95	2010.56	0.75	0.62
2008	3257.05	2405.64	2028.98	0.74	0.62
2009	3275.61	2385.95	2011.47	0.73	0.61
2010	3303.45	2366.66	2059.60	0.72	0.62
2011	3329.81	2324.50	2026.40	0.70	0.61
2012	3343.44	2303.10	2013.11	0.69	0.60

数据来源:1997—2013年《重庆统计年鉴》

表 4-2　　2012 年京、津、沪、渝四市人口城乡构成比较　　　　单位：万人、％

地区	常住人口	城镇人口	乡村人口	乡村人口占常住人口的比重
全国	135404	71182	64222	47.43
北京	2069	1784	286	13.82
天津	1413	1152	261	18.47
上海	2380	2126	255	10.71
重庆	2945	1678	1267	43.02

数据来源：2013 年《中国统计年鉴》

二、重庆农村人力资源开发的质量概况

人力资源整体素质包括智能素质和体能素质。农村人力资源的开发最主要是通过智能素质表现出来的，其关键取决于受教育程度。

教育和培训是人力资本智力因素成长的最主要手段。近年，重庆市政府加大了教育事业的投入力度，并将新增教育经费的 70％ 用于农村教育，劳动者受教育水平及规模都有了显著提高。然而相较于农业科技水平的不断提高和农村经济的不断发展，重庆农村人力资源素质发展缓慢。由表 4-3 可知，从 1997 年到 2012 年农村劳动力文化构成来看，小学和初中的比重最大，两者所占比例几乎是所有文化构成的 80％ 以上；从历年变化趋势来看，文盲和小学的构成比例呈下降趋势，而初中及初中以上学历有逐渐上升的趋势；从教育年限来看，根据公式：

$$X_1 = \sum_{i}^{6} p.d_i \quad\cdots\cdots\cdots\cdots\cdots\cdots\cdots\cdots\cdots\cdots\cdots\cdots\cdots\cdots\cdots\cdots \mathrm{I}$$

公式 I 中 X_1 表示劳动力年均受教育年限；p 表示某一教育水平上的人数比例；d_i 表示第 i 学历水平的受教育年限，i＝1,2,3,4,5,6，分别表示不识字、小学、初中、高中、中专、大专及其以上这六个教育水平，根据各教育水平的实际受教育年数，分别赋予这六个学历的受教育年限为 0 年、6 年、9 年、12 年、9 年、16 年，可得 1997—2012 年重庆农村人力资源的年均受教育年限分别为 7.16,7.21,7.26,7.33, 7.36,7.38,7.35,7.41,7.58,7.66,7.65,7.59,7.65,7.81,8.01,8.06，呈逐渐上升趋势。可见，重庆农村人力资源的智能素质具有较大的可开发性空间。

表 4-3　1997—2012 年重庆农村劳动力文化状况　　　　　单位:年、%

文化结构	1997	1998	1999	2000	2001	2002	2003	2004	2005	2006	2007	2008	2009	2010	2011	2012
不识字	7.1	6.9	6.2	6.2	6.6	6.6	6.9	7.5	6.1	6.0	5.8	6.5	6.7	6.4	4.4	4.4
小学	45.3	45.1	45.1	43.4	41.6	41.3	40.1	37.6	37.2	35.3	35.5	36.9	35.0	33.6	32.0	31.2
初中	41.5	41.5	42.3	42.9	44.2	44.3	46.5	47.1	47.6	49.1	49.2	46.9	47.6	46.3	51.6	52.0
高中	5.2	5.5	5.3	5.7	5.6	5.6	4.9	6.0	6.4	6.6	6.4	6.4	7.3	9.7	8.3	8.5
中专	0.6	0.9	0.9	1.5	1.4	1.6	1.4	1.4	2.0	2.2	2.2	2.5	2.2	2.5	1.8	2.0
大专及以上	0.2	0.2	0.2	0.3	0.3	0.3	0.3	0.4	0.7	0.8	0.8	1.0	1.2	1.5	1.8	1.9

数据来源:2013 年《重庆调查年鉴》

　　但是从重庆市的对比数据来看,2010 年全市常住人口中,具有大专以上、高中和中专、初中、小学、文盲程度的人口所占比例分别为 8.6%、19.5%、33.0%、33.8%和 5.1%,而农村劳动力的受教育程度分别为 1.5%、12.2%、46.3%、33.6%和 6.4%(如图 4-1)。显然,农村人力资源文化程度偏低,不能充分发挥知识与智力因素在经济发展中的作用。

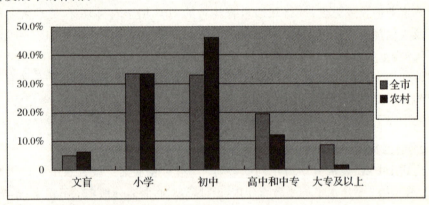

数据来源:《重庆调查年鉴》与全国第六次人口普查数据整合

图 4-1　2010 年全市常住人口与农村劳动力文化构成情况

　　就体能素质方面来说,它是一个人具备劳动能力的基本条件。根据国家体育总局 2010 年国民体质监测报告显示,我国国民体质总体合格率为 88.9%,其中城镇人群达到"合格"以上标准的比例为 91.5%,而乡村仅为 84.7%。在国家层面,社会保障政策与卫生医疗财政投入不足,导致大多长期致力于体力劳动的农村劳动者健康状况堪忧;在个人投入层面,由于收入水平低,又受家庭经济的限制,因此在支付能力和支付意愿上都比较低。2012 年,农村家庭平均每人在医疗保健方面的支出仅为 482.24 元,占总支出的 6.07%,相较于城镇的 1101.56 元,占总支出的 6.65%,有一定差距(如表 4-4)。处于偏远地区的农民甚至未能解决温饱问题,再加上恶劣的生存环境影响,慢性病、传染病肆意传播,无疑让农村人力资源的体能素质问题雪上加霜。

表 4-4　2012 年重庆市家庭平均每人医疗保健支出情况　　　单位:元、%

	总支出	医疗保健支出	比例
城镇	16573.14	1101.56	6.65
农村	7942.15	482.24	6.07

数据来源:《重庆统计年鉴 2013》

三、重庆农村人力资源开发的结构概况

重庆农村人力资源配置不合理是导致城乡统筹发展缓慢的重要因素之一,主要表现在劳动力产业结构、收入构成和地区分布失衡上。

产业分布不合理主要是指农村人力资源在第一、二、三产业中的比例失调。以 2012 年城镇和农村各产业从业人员年末数比较来看,城镇第一、第二和第三产业的从业人员分别为 38.36 万人、367.99 万人和 449.82 万人,而农村则为 554.23 万人、54.74 万人和 168 万人(如表 4-5),所占比例分别为 71%、7% 和 22%。根据"配弟—克拉克定理",随着一个国家或地区社会经济的不断发展,劳动者的就业趋势应从第一产业逐步流向第二产业和第三产业,并且通过"产业结构优化使农村产业结构从单一种植业调整为大农业结构,最后上升到多元化产业结构"[1]。可见,重庆市农村人力资源的就业方向主要以第一产业为主,存在产业分布不合理现象。

表 4-5　2012 年重庆市从业人员年末情况　　　单位:万人

结构	合计	城镇	农村
人数	1633.14	856.17	776.97
第一产业	592.59	38.36	554.23
第二产业	422.73	367.99	54.74
第三产业	617.82	449.82	168.00

数据来源:《重庆统计年鉴 2013》

---

①刘祖春.中国农村劳动力素质与农村经济发展研究[M].北京:中国社会科学出版社,2009:122.

从劳动力收入构成来看（如图 4-2），重庆农村居民的纯总收入呈快速增长趋势，2012 年人均总纯收入为 7383.27 元，比 2006 年的 2873.83 元增长了近 1.6 倍。在收入构成体系中，工资性收入增长速度最快，并于 2010 年开始逐渐超越家庭经营收入，成为农村居民家庭收入中的最主要构成部分。表 4-6 截取了 2006—2012 年更具显著性特征的家庭人均纯收入构成情况，在工资性收入中，外出从业收入与本地劳动收入基本上呈同步增长趋势，但外出从业收入的构成比例始终占据优势，在家庭经营收入中，第一产业增长速度最快，同时其绝对数量也远远超于其他产业，第三产业初显增长势头。转移性收入也呈逐年增长趋势。由此可知，随着重庆城乡统筹的逐步深入和劳动力市场一体化建设，农村剩余劳动力得到了有效转移，农民收入迈向多元化发展，但是农村经济还主要依靠农业生产，农民自主创业的意识较为浅薄，农村人力资源开发还需进一步提升。

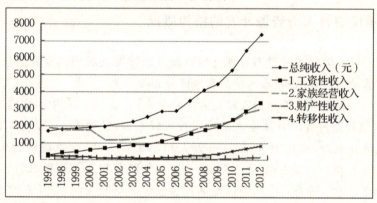

数据来源：1997—2013 年《重庆统计年鉴》

图 4-2　1997—2012 年重庆农村居民家庭每人年均纯收入趋势

从重庆市各区县来看，根据 2013 年重庆市 1‰人口抽样调查主要数据公报显示，城镇化率从最低的酉阳县（城镇化率为 28.36%）到最高的渝中区（城镇化率为100%），呈现不均等分布。

表 4-6　2006—2012 年农村居民家庭每人年均纯收入构成情况　　单位：年、元

项目	1.工资性收入	(1)本地劳动收入	(2)外出从业收入	2.家庭经营收入	(1)第一产业	(2)第二产业	(3)第三产业	3.财产性收入	4.转移性收入
2006	1309.91	360.28	849.32	1349.57	1176.85	28.58	144.14	27.29	187.07
2007	1559.30	425.02	1030.80	1639.82	1460.83	23.28	155.71	43.76	266.41
2008	1764.64	505.58	1151.07	2016.64	1784.70	27.51	204.43	50.90	294.03
2009	1919.68	578.80	1223.39	2111.65	1834.56	35.28	241.80	67.80	379.23
2010	2335.23	756.92	1435.86	2323.51	2003.03	33.13	287.36	90.50	527.41

项目	1.工资性收入	(1)本地劳动收入	(2)外出从业收入	2.家庭经营收入	(1)第一产业	(2)第二产业	(3)第三产业	3.财产性收入	4.转移性收入
2011	2894.53	1089.98	1641.59	2748.25	2332.37	29.51	386.36	139.67	697.96
2012	3400.77	1295.41	1898.54	2975.31	2503.15	30.92	441.23	175.56	831.63

数据来源：2006—2013年《重庆统计年鉴》

另外，重庆农村人力资源人才类型结构也存在不合理现象，截至2009年底，全市共有农村实用人才202.2万人，约占农村总人口的8.4%，占全市农村劳动力的14%。而拥有的农民技术员只有12.1万人，占6.0%。可以看出，重庆农村人才资源短缺是目前农业经济科技化发展的重要掣肘。

第二节　重庆农村人力资源开发的主要特征

农村人力资源开发实质上是一系列综合因素共同开发的过程，其主要特征涉及文化素质、身体素质以及流动结构等诸多方面。

一、人力资本的增值性不高

农村人力资源作为人力资源的一部分，对农村人力资源开发具有明显的增值性，其收益的份额正在迅速超过自然资源和资本资源。事实证明，农村人力资源开发的教育投资与资本增值性呈正相关关系，提升农村教育水平是提高农村人力资源投资收益率的重要途径。教育结构是一个有既定目标的多层次、多因素、多功能的多维主体结构体系。广义的农村教育结构，是一个包括教育的层次（水平）结构、类型结构、学制结构、布局结构、管理体制结构、专业结构等在内的复杂的结构体系；狭义的农村教育结构，主要是指基础教育、职业教育和成人教育这三类教育之间的关系。一般意义的农村教育结构，是指以上述三类教育的关系为基础，其他教育结构相互补充和协调的一个研究领域和实践领域。

本研究所涉及的农村教育结构是一般意义上的结构阐释。随着农村经济的发展以及产业结构的调整，重庆农村教育结构逐渐从过去单一的基础教育模式转变为多层次、多元化的教育结构。但是，农村教育结构中所存在的问题也不容忽视。

从纵向视角来看,义务教育、高中教育和高等教育之间衔接不当,不仅教育体系内部之间缺乏有效沟通,而且与经济和社会发展脱节,形成封闭式教育体系。尤其在贫困山区,农村义务教育基础薄弱,九年义务教育尚未完全跟踪到位,还存在着部分辍学儿童。高中阶段教育生源不足,师资力量匮乏。高等教育在农村区域尚处于空白地带,缺乏正规的学校和办学机构;从横向视角来看,现有农业高等院校更多的是面向城市培育人才,针对农村地区发展和产业特色的农业院校处于紧缺状态。农村职业教育和成人教育严重滞后,农村职业技术教育是振兴农村经济、发展农业生产、农民致富的重要途径,其培养目标是为农业现代化、农村现代化、农村城镇化提供具有实际生产技能的初、中等专业技术知识人才。但长期以来,人们对农村职业技术教育认识模糊,现有农村职业技术教育的重心放在城市企业发展链条之中,而与农村及农业发展脱节,或者其职业技术培训流于形式,经费投入、师资水平、办学设施、招生来源等存在严重缺口。农村成人教育是指全日制学校教育之外的在职人员教育活动,诸如学历教育、职业教育、家庭教育、社会教育等,是实施科教兴国的一项重要战略措施。但是当前农村成人教育法制体系不健全,缺乏统一的教育标准与协调管理,且对成人教育存在认识偏差,仅以取得学历证书和提高收入为目的的培训不在少数,严重脱离了城乡产业发展变化和农村转移劳动力的实际学习需求。

二、农民劳动力再生性不足

农村人力资源具有再生性,即对农村人力资源开发还要基于农民自身劳动力的再生产,在这个再生产的过程中,农村人力资源会不断消耗一定的体力和脑力进行劳动力再生产,同时又不断补充和提升自己,补偿所耗,产生新的劳动能力进行再生产。但是农民生产具有普遍的体力劳动的频繁性和沉重性,并在农村医疗卫生保健服务缺位的现状下,使农民身体素质恶化,导致农民个体劳动力的可持续性不足。

由于重庆市各级地方财力的差异,以及对农村卫生事业的重视程度不同,导致农村地区医疗卫生投入不足。一是医保制度不足。2007年,重庆在全国率先开展城乡居民合作医疗保险(以下简称医保),并陆续在全市40个区县先后实施,2010年提前以年实现全覆盖,2012年又实现了全市统筹。重庆打破城乡界限,将城镇居民和农村居民都纳入到医疗保障范围之内,3230多万群众从中受益。但随着制度的运行,现行城乡居民合作医保参保缴费模式中的不足之处也逐渐暴露出来,成为制约城乡居民医保扩面工作的拦路虎。例如现行医保参保缴费模式以集中参保为主,时间一般规定在每年的11、12月份。由于重庆市农村,尤其是边远地区农村,外出务工依旧是家庭收入的主要来源。造成一部分外出务工人员中有意愿参加医保的群众错过了最佳参保时间。按照规定,错过集中参保时间将无法享受政府补贴。以 2014 年为例,在集中参保时间参保,个人缴纳 60 元,政府补贴 280 元;而错过集中参保时间参保的需要全额缴纳 340 元,减弱了群众的参保积极性。加之部分村社集体或干部集资为参保居民垫资款目前都还没有完全收回,现在的缴费金额又较大,村社无力垫支,政策也不允许垫支,扩面工作出现下降趋势。二是卫生资源匮乏。由于卫生保健资源大部分向城市集中,农村地区面临资源缺乏、医疗设施落后的困境,卫生人力资源城乡分配不均,整体素质不高,管理存在问题。三是卫生保健服务缺失。以县医院为龙头、乡镇卫生院为枢纽、村卫生室为基础的三级预防保健网已不能满足多数农村地区对预防保健服务的需求。处于卫生预防体系最底层的村级卫生室大多成为私人诊所,功利化严重。政府对乡镇卫生院和县卫生防疫部门的财政拨款较少,作为农村卫生预防体系枢纽的乡镇卫生院陷入财政危机。同时,由于农民卫生保健意识薄弱、农村健康教育人员专业素质不高、健康教育管理体制不完善,进一步导致农民身体素质偏低,农民劳动力的再生性堪忧。

三、资本开发的社会性失衡

农村劳动是群体性劳动,即具有社会性。不同的劳动者多数分属于各个劳动组织和农村社区之中,农村人力资源开发的重要一环涉及劳动力在各个地区和行业之间的分配和转移。重庆农村劳动力转移情况直接决定了重庆市小康社会、统筹城乡一体化、新型城镇化、农业现代化、社会主义新农村建设等的成败。当前重庆市农村劳动力转移的数量持续增加,2014 年全市外出(跨乡镇、街道)人口达 1069.69 万人,比上年增加 26.56 万人,其中外出至市外的人口 530.08 万人,占全部外出人口的 49.6%,比上年减少 1.90 万人;市内外出人口 539.61 万人,占 50.4%,比上年增加 28.46 万人。[①] 农村劳动力转移与经济社会发展密切相关,由于重庆市经济发展水平地区差异较大,劳动力转移在空间上具有明显的不均衡性,这直接导致了重庆农村劳动力转移速度和规模的不平衡性。

另一方面,农村劳动力转移链条脱节。首先,城乡就业矛盾日趋凸出,致使劳动力输入地的地方政府从地域和行业上设置了种种障碍,农村劳动力遭受不公平待遇。同时,随着城市产业结构调整,城市就业率有所下降,造成农村劳动力转移的制度障碍增多和经济成本上升。其次,转移的农村劳动力合法权益保障困难,其劳动收入、劳动安全以及卫生健康得不到有效保障。再次,由于教育培训机制的欠

---

① 数据来源:重庆市统计局.《2014 年重庆市 1% 人口抽样调查主要数据公报》.

缺,农村劳动力整体素质不高,无法适应新的劳动力市场需求。最后,农村劳动力转移渠道不畅通,缺乏有组织的劳务输出渠道,由于信息的闭塞导致盲目性输出,造成了农民工的辗转流徙和城市的无序管理状态。

第三节　重庆农村人力资源开发的问题展示

通过对重庆农村人力资源开发现状概况和主要特征的描述,可以看出重庆农村人力资源开发存在诸多问题。二元制度、政府投入以及农民自身等的障碍缺陷,共同构成了农村人力资源开发的问题瓶颈,只有打破这些瓶颈,才能真正提高农村人力资源开发质量,发展农村生产力。

一、二元制度障碍

重庆是一个大城市和大农村并存的直辖市,农村人口数量大而质量低,其发展具有明显的二元经济结构特征。

一是户籍制度约束。自 2003 年开始,重庆逐步取消农业户口和非农业户口,实行城乡户口一体化的户口登记制度,但是"城镇居民"和"农村居民"之间的实际差别依然没有改变。从 2010 年 8 月 15 日开始,重庆市户籍制度改革在全市范围内正式施行,这成为几十年来我国户籍制度改革规模最大、配套制度设计最完善、影响最深的一次实践,具有积极的战略意义。重庆常住人口城市化率从直辖初的28%上升到 2014 年的 59.6%。"但是户籍意义上的城市化率,10 多年前是百分之二十几,现在也还是百分之二十几,两种城市化率的差异 20%左右,这 20%就是农民工现象,他们算常住人口的时候是城市人口,算户籍人口的时候是农村人口。"[1]这导致实质意义上的户籍制度改革流于形式。特别是在户籍改革进程中,一些地方政府为了凸显政绩,以下指标考核的方式促进改革,使部分农村人口被迫转为城镇人口,加之城镇配套设施没有跟上,使相当部分农转非人口失去就业和生活保障。同时,农转非人口的宅基地、承包地、流转地等的财产权转让或退出依然存在问题。这些障碍将进一步考验重庆户籍制度改革的决心和政策制度设计。

---

①黄奇帆详解重庆户改的破冰之旅 不允许下指标[EB/OL].http://cq.qq.com/a/20101104/000027.htm,2010-11-5.

二是就业制度制约。长期以来,城乡劳动力的配置带有明显的城乡分割特点,真正意义上统一的劳动力市场还没有形成。农民工大多是城市中的暂住者、职业岗位上的临时工,某些地区和行业甚至限制进城农民就业的行业和工种。农民工就业大部分处于体制之外,据调查,重庆市仅有 33.3% 的农民工与雇主签订了劳动合同,66.7% 农民工未与雇主签订任何劳动合同或协议。① 因此,用人单位可以任意辞退农民工,且不用负担任何体制性的福利条件。在社会保障方面,多数农民工没有享受到基本的养老、医疗、失业、工伤等保障权利。

二、政府投入缺位

根据经济学理论,人力资本是体现在人身上的经济投入,对区域经济发展起着主导作用。农民人均收入低、思想观念相对落后,对农村人力资源开发相当不利,政府积极推动并加大投入对于加快重庆农村人力资源开发发挥着重要作用。

首先,在农村教育投资方面,尽管基础教育在不断增长,但是从整体上来看,农村初中生均教育事业费与城镇初中的差距加大,同时农村小学生均教育事业费与城镇小学仍存在一定差距。虽然近年来政府加大了对农村义务教育的投入,但是农村中小学公用经费投入严重不足,并且重庆市各地区之间也存在显著差异。这种农村中小学生均教育经费城乡差距叠加地区间差距,使得重庆农村教育城乡区域间发展很不平衡。同时,农村职业教育是培养和造就大批高素质劳动者和新型农民、开发农村人力资源最直接有效的途径。但是政府投入职业教育的经费大部分流向城镇,对农村职业教育的投入非常有限。其次,在农村医疗卫生保健投资方面,医疗卫生保健投资是通过对医疗、卫生、营养、保健等进行投资来恢复或改善人的健康水平,进而提高人的生产能力,因而农村医疗卫生保健投资是农村人力资源开发的重要内容。但是地方政府对农村财政性卫生投入严重不足,制约着农村卫生事业发展和农民医疗卫生健康水平的提高,农村居民卫生健康水平相对较低。再者,在政府财政投资结构方面,目前农村人力资源开发政府投入主要用于农村基础教育尤其是义务教育和医疗卫生等方面,而对职业教育、农村成人教育、保健、在职培训以及农村劳动力转移方面投入较少。最后,现行农村人力资源开发政府投资体制存在缺陷。如农村教育投入以县为主,虽然其教育管理体制有助于提供农村教育投资,但是在现有的分税制财政体制下,县级财政所占份额很小,特别是在经济贫困的山区农村,很难承担农村义务教育的重担,教学质量得不到保证。

---

① 柏群,何淑明.统筹城乡背景下重庆农村人力资源开发研究[M].重庆:重庆大学出版社,2011.

三、农民自身缺陷

农民自身缺陷是农村人力资源开发中存在的内在问题,主要体现在农民固有观念和农民个人投入不足两个层面。

一是农民固有观念守旧,与现代化发展不相适应。地域环境对生产力的结构和布局、对人生理和心理素质的影响具有直接的制约关系。重庆一方是大山阻隔,另一方是长江天险,特殊的地理条件使得重庆在空间上较为封闭,因而形成了一种封闭的思维和意识。这种封闭意识主要表现为比较保守,不愿意接受新事物、新观念,其行为方式一般体现在对农业新方法、新技术以及实用新技能培训等不感兴趣、不愿尝试,眼界较为狭窄,缺乏横向对比视角。同时,长期以来农村人口以耕地为生,小农经济意识较强并深刻影响着现代农民的思想,并且由于农业规模小,基础薄弱,很难适应现代化农业发展需求。

二是农民个人投入不足,缺乏主动性、积极性开发。农村人力资源开发是农民实现自我发展、脱贫致富的必然要求,离开了人的主观能动性和内因作用,则很难实现事物的发展。因此,农民个人投入,包括其所愿意并且能够支付的教育费用、转移就业费用以及卫生保健费用等直接影响着整个农村人力资源开发的效果。2012 年,重庆农村居民家庭人均纯收入为 7383.27 元,其中生活消费总支出达5018.64 元。在农村居民的生活消费总支出中,食品支出占了 2216.15 元,而与农村人力资源开发密切相关的医疗保健支出为 482.24 元,文教娱乐用品及服务支出为 394.23 元,两项合计为 876.47 元,占生活消费总支出的 17.46%。由此可见,农村居民用于自身人力资源开发的总投入还不到生活消费总支出的五分之一,仅占家庭人均可支配收入的 11.87%。导致重庆农村人力资源开发中农民个人投入不足的原因主要是农民家庭收入水平较低,不足以负担过多的开发费用,同时农村家庭父母对子女教育的重视程度不高,直接制约了潜在劳动力资源的开发。

小结

农村人力资源开发是一个循序渐进的系统工程,是随着社会生产力以及产业结构变化而不断演变的过程。重庆市作为全国统筹城乡综合配套改革试验区,承担着改革和发展的示范使命。从重庆农村人力资源开发现状来看,相较于经济发展仍显滞后,其主要特征表现为农村教育结构不够合理、医疗卫生保健服务缺位、农村劳动力转移水平低。而二元制度障碍、政府投入缺位以及农民自身缺陷等问题严重制约了重庆农村人力资源的有效开发。

第五章　重庆农村人力资源开发
政策变迁的轨迹与趋势

农村人力资源开发既是内生因素拉动的结果,即市场等因素的自我配置作用,也是外生因素催动的结果,即政策等因素的带动作用。但是由于市场与生俱来的"逐利性",在二元经济体制之下,农村劳动力成为发展中的弱势群体。因此,政府出台的一系列政策措施是基于公共性的选择,为农村人力资源开发提供了方向性的指导与法律保障。

第一节　重庆直辖以来农村人力资源开发政策的时序概览

政策保障是推动农村人力资源开发必不可少的前提条件。重庆直辖以来,积极贯彻落实中央有关农村人力资源开发的政策文件,同时,根据重庆发展现状,因地制宜地出台了各项惠农政策,并逐渐形成长效开发机制,推动了重庆农村人力资源开发的有序运行。结合重庆农村人力资源开发政策的变化及重庆市经济社会发展状况,以时间为序可将重庆直辖以来的农村人力资源开发相关政策划分为三个阶段。

一、重庆农村人力资源开发政策生成期(1997—2002)

1997年3月重庆市批准成为直辖市,其立法权发生了质的改变——地方性政策法规从四川省"较大的市"中脱离出来,逐步确立适应重庆自身发展的政策体系。这一时期,重庆农村人力资源开发政策尚处于构建阶段,其政策的制定与改革发展决策紧密联系。

重庆直辖之初,农村贫困人口高达 366 万①,农民收入过低成为"三农"问题的聚焦点,其增长幅度大大低于城市居民收入增长速度且呈现下降趋势。同时,农村财税制度结构僵化,乡镇财政缺口间接转移到农民身上,农民负担过重愈发凸显,随之而来的是农村生存环境愈发恶劣。这是城乡二元结构体制下,重庆市场经济改革的结果。在此背景下,重庆市为破解"三农"问题,释放农村人口压力,将农村人力资源开发政策的重点放在农村税费改革项目上,力求减轻农民负担,促进农民增收,改善农村生存条件。总体而言,1997—2002 年的政策体系包括农业发展、教育改革、医疗卫生改革和税费改革等,结合了重庆改革现状并突出地方特色,具体政策见表 5-1。

表 5-1　重庆农村人力资源开发相关政策(生成期)

时间	政策措施	目的或内容
1998.10.1	重庆市农村初级卫生保健条例	保障、增进农民健康所必需的医疗预防保健条件、基本的医疗预防保健服务和完善的医疗预防保健制度。
1999.3.1	重庆市农业综合开发项目管理办法	培养和使用专业技术人才,鼓励科技人员参加农业综合开发科学研究、技术推广和承包开发项目。
2000.11.12	重庆市人民政府办公厅转发、市农业局《关于重庆市"绿色证书"制度管理办法》的通知	着力提高农村劳动者的文化科技素质,培养一支有文化、懂技术、善经营、会管理的农民技术骨干队伍,建立和完善农民技术教育制度。
2000.11.8	重庆市人民政府关于改革和发展职业教育的决定	依靠农村各类职业学校和成人学校,推广农村实用技术,培养各类实用人才。探索职教办学模式,深化农村教育综合改革。
2000.6.28	重庆市人民政府关于进一步加强农村卫生工作的通知	为推进农村经济体制改革和城镇医药体制改革,根据农村卫生工作面临的新情况而制定本通知。
2001	"三百工程"——农业产业化百万工程	选择 11 个农业产业化项目,通过培育龙头企业,做强主导产业,增强农业竞争力,拓宽农民增收和就业渠道。
2001.1.23	关于大力推进农业产业化经营的意见	增加农民收入为重点,技术创新为动力,建立贸工农一体化的经营机制和龙头企业与农民一体化的利益机制。

①梁馨月.重庆直辖以来地方性法规发展历程回顾——从追求数量到提高质量[J].重庆科技学院学报(社会科学版),2013(2):40—42.

续表

时间	政策措施	目的或内容
2001.12.13	重庆市基础教育改革与发展纲要	大力扶持农村教育,促进城乡教育协调发展。明确乡镇人民政府、村民自治组织等主体在实施农村义务教育中的积极作用。
2001.12.15	重庆市农村卫生改革与发展实施意见	建立适应社会发展的农村卫生服务体系,实行多种形式农民健康保障办法,使全市农民人人享有初级卫生保健。
2001.9.28	重庆市人民政府关于表彰向仲怀等15名农业科技先进工作者的通报	为激发广大农业科技工作者的积极性和创造性,市政府决定,对向仲怀等15名市农业科技先进工作者予以通报表彰。
2002.6	重庆市农村税费改革试点方案	把切实减轻农民负担放在首位,加大对贫困地区的转移支付力度,确保农村义务教育经费正常需要。

二、重庆农村人力资源开发政策转型期(2003—2006)

政策理念的转变是重庆农村人力资源开发政策转型期的显著标志。随着市场经济的快速发展,二元制度及其由此产生的城乡差距依然制约着农村经济社会的发展,农村居民家庭收入与城市居民家庭人均可支配收入的比值逐渐拉大。2006年城乡居民收入比值为4.03,达到上升的高峰点,农村人口压力持续加重。这一阶段农村人力资源开发已经到了一个发展的瓶颈期,仅仅依靠以往改变农村生存环境以及减轻农民负担的单一路径已无法破解这一困境。因此,关注民生、凸显农民主体地位成为农村人力资源开发政策的新特点。

2003年重庆提出"工业强市"三步走战略,农村劳动力转移增强,由此展开的户籍制度改革、农民转移培训、农民工就业管理、农民工权益保护、进城务工农民子女教育等系列政策相继出台,不断规范和解决劳动力转移过程中的各种问题。针对农村社会经济发展问题,加快建立农村社会保障体系,发展农民专业合作组织、农村基层专业经济协会等,切实维护农民利益,解决民生问题。另一方面,农民主体地位得到提升,通过培育新型农民和农业人才,大力发展农村教育,不断增强农民综合素质和职业技能,使农民积极参与到农村经济建设中来,并实现成果共享。具体政策见表5-2。

表 5-2　重庆农村人力资源开发相关政策(转型期)

时间	政策措施	目的或内容
2003.10.3	关于进一步做好进城务工就业农民子女义务教育工作的意见	随着我国城市化进程不断加快,为解决进城务工就业农民子女义务教育问题而制定本意见。
2003.6.16	重庆市人民政府办公厅关于做好农民进城务工就业管理和服务工作的通知	按照"公平对待、合理引导、完善管理、搞好服务"的原则,切实做好农民进城务工就业管理和服务的各项工作。
2003.7.29	关于加快我市城镇化进程进一步深化户籍制度改革的意见	实施城乡户口一体化的户口登记制度,逐步取消公民现有农业户口、非农业户口的性质,打破户口二元化结构,实施城乡户口一体化的户口登记制度。
2003.8.12	重庆市人民政府办公厅转发市减负办等部门关于 2003 年减轻农民负担工作的意见的通知	深化农村税费改革试点工作,强化农民负担监督管理,进一步减轻农民负担,防止农民负担反弹的监督管理机制进一步完善。
2004	"三百工程"——百万农村劳动力转移就业工程	构建全市劳动力资源调查系统,加强农村劳动力转移的培训、组织和服务,提高农村劳动力的技能素质、就业能力和组织化程度,加快劳动力转移速度。
2004.2.17	重庆市新型农村合作医疗暂行管理办法	新型农村合作医疗制度是由政府组织、引导、支持,农民自愿参加,个人、集体和政府多方筹资,以大病统筹为主的农民医疗互助共济制度。
2004.3.2	关于加强农村基层专业经济协会登记管理和培育发展工作指导意见	为充分发挥农村基层专业经济协会的作用,培养和锻炼一大批懂技术、会经营、善管理的新型农民,促进农村经济发展,增加农民收入。
2004.3.9	中共重庆市委重庆市人民政府关于实施百万农村劳动力转移就业工程的意见	为推进我市农村经济发展和农村城镇化进程,大力增加农民收入,加快"富民兴渝"、全面建设小康社会的步伐,实施百万农村劳动力转移就业工程。

时间	政策措施	目的或内容
2004.8.10	重庆市人民政府关于印发重庆市财政资金直接补贴农民发放管理暂行办法的通知	实行财政资金直接补贴农民,为改革财政补贴资金拨付办法,逐步推行财政支持"三农"资金直接补贴农民而制定本办法。
2004.8.20	重庆市人民政府关于进一步促进农村信用社加快发展的意见	为进一步创造良好的农村金融发展环境,不断提高农村信用社的资产质量,进一步增强资本实力,提高经营效益,更好地为城乡经济协调发展服务。
2005.2.16	重庆市农业局关于印发《2005年科技兴粮实施方案》的通知	坚持农、科、教相结合,基层服务体系、龙头企业与农村合作经济组织相结合,整合农业科技推广资源,创新农业技术研究开发和推广应用的组织体系和运行机制。
2005.3.16	重庆市人民政府办公厅关于切实做好全部免征农业税工作的通知	扎实做好我市全部免征农业税工作,进一步调动农民生产积极性,促进农民收入持续增长和农村经济快速发展,制定此通知。
2005.3.30	重庆市农业局关于组织开展千名农业专家和万民农技人员助农促耕活动的通知	为切实把保持共产党员先进性教育活动引向深入,组织开展以共产党员带头的千名农业专家和万名农技人员"助农促耕"活动。
2005.4.25	重庆市农业局关于推荐和申请重庆市农业龙头企业协会会员的通知	为引导我市农业龙头企业的发展,提高全市农业产业化水平,由部分农业龙头企业牵头成立了重庆市农业龙头企业协会,以提高企业管理水平和职工队伍素质服务。
2005.4.7	重庆市农业局关于2005年实施三农培训工程中重庆市农业局的农业人才知识更新工程的通知	主要培训对象以改革后的农业技术服务体系人员为主,重点提高农业技术服务、农业经营管理和农业产业化经营的能力,并按照各农业领域工作的不同需求,分别开展市、县两级培训。

续表

时间	政策措施	目的或内容
2005.5.19	重庆市农业局关于进一步加强农业局系统产业化经营工作的意见	以市场为导向,以家庭承包经营为基础,依靠各类龙头企业和组织的带动,将生产、加工、销售有机结合,实行一体化经营,组织和引导农民进入市场,参与竞争。
2005.6.27	重庆市人民政府办公厅关于进一步做好减轻农民负担工作的通知	我市从今年起全部免征农业税及附加,这是统筹城乡经济社会发展,深化农村税费改革,减轻农民负担、增加农民收入的重大决策。
2005.7.26	重庆市贯彻乡村医生从业管理条例实施意见	为了充分发挥乡村医生在农村医疗卫生服务中的重要作用,推进农村卫生服务体系建设,保障村民获得初级卫生保障服务。
2005.9.1	重庆市人民政府关于加快发展农村合作经济组织的意见	为提高农民在农业产业化经营中的组织化程度和适应市场的竞争能力,力争用3~5年的时间,在优势农产品产地普遍建立起农村合作经济组织。
2005.9.13	重庆市进城务工农民权益保护和服务管理办法	为了保护进城务工农民的合法权益,加强对进城务工农民的服务和管理,结合本市实际,制定本办法。
2005.9.6	重庆市农业局关于做好2005年新型农民科技培训工程的通知	培训对象上,重点培养种养规模较大、带动能力较强、有一定科技水平的农民骨干;培训方式上,充分结合农时,采用科技人员进村集中培训和分散指导相结合。
2005.12.5	中共重庆市委办公厅重庆市人民政府办公厅关于深化农村义务教育体制改革的实施意见	落实以县为主的农村义务教育管理体制;撤销乡镇教育管理机构;实行区县教育行政部门委托管理片区教育制度;实行"统一管理、集中支付"的教育经费管理体制。
2006.1.1	重庆市进城务工农村劳动者初次职业技能鉴定补助办法	补助的对象为通过初次职业技能鉴定,生活确有困难的户籍属重庆市并在本市进城务工的农村劳动者,享受一次性职业技能鉴定补助。
2006.2.28	重庆市农业局关于2006年为农民群众办十件实事的通知	按照面向农业、惠及农民、服务农村的原则,针对农民群众"最关心、最直接、最实际"的问题,2006年我局将集中力量为农民群众办好十件实事。

时间	政策措施	目的或内容
2006.3.19	重庆市农业局关于举办社会主义新农村建设研修班的通知	重点了解和掌握建设社会主义新农村与现阶段农业和农村的经济形势、政策趋向,农业综合生产能力的提升,农业科技创新等。
2006.6.2	重庆市农业局办公室关于举办农业知识更新工程高级研修班的通知	主要开设高研班、执法班和新闻班。参训对象为符合条件的技术人员、执法人员和农业新闻宣传联络员。
2006.6.9	重庆市人民政府办公厅关于印发《重庆市农村义务教育经费保障机制改革暂行办法》的通知	全部免除农村义务教育阶段学生杂费;提高农村义务教育阶段学校公用经费保障水平;建立农村义务教育阶段学校校舍维修改造长效机制;巩固和完善农村中小学教师工资保障机制。
2006.8.15	重庆市农业局关于公布2006年农民专业合作经济组织市级试点单位名单的通知	为发展农民专业合作经济组织,提高我市农业生产经营的组织化程度,确定42个农民专业合作经济组织为"重庆市农民专业合作经济组织2006年市级试点单位"。
2006.8.18	重庆市农业局关于开展乡镇农村经营管理改革情况调查的通知	为了全面掌握我市乡镇农村经营管理改革情况,大力提高基层农村经营管理工作水平,决定开展乡镇农村经营管理改革情况的调查。
2006.9.19	重庆市人民政府办公厅贯彻落实国务院办公厅关于做好当前减轻农民负担工作的通知	重点做好五个方面的监管工作:规范行政事业性收费的管理;对农业生产性费用的监管;对村民"一事一议"筹资筹劳的监管;向农村合作经济组织乱收费、乱摊派等问题的监管;对农民补贴事项的监管。

三、重庆农村人力资源开发政策提升期(2007—2014)

统筹城乡综合配套改革成为重庆农村人力资源开发政策的新方略。自2007年以来,重庆市成为全国统筹城乡综合配套改革试验区,是西部地区改革发展新路的探索者和新一轮经济增长的引领者。重庆经济发展新常态为农村人力资源开发政策的制定和实施提供了新方向和新路径。

这一阶段农村人力资源开发政策的核心是集中解决城乡资源分配不均的问题,着力点是通过政策二次分配将卫生、医疗、教育、社会保障、就业创业等资源向农村倾斜,以缩小城乡差距为目标,统筹城乡经济社会发展,打破二元分治体制。由此,重庆农村人力资源开发政策逐渐跳出就"三农"谈"三农"的怪圈,而将农民发展问题放到全市社会经济发展的全局中来,进行统筹协调和部署,其政策体系涉及城乡居民合作医疗制度、城乡居民养老保险制度、农民专业组织建设、义务教育均衡发展、乡镇人才队伍建设、农村实用人才队伍建设、农村金融服务改革、户籍制度改革、农民工返乡创业等。具体政策见表5-3。

表 5-3　重庆农村人力资源开发相关政策(提升期)

时间	政策措施	目的或内容
2007.10.1	重庆市人民政府关于开展城乡居民合作医疗保险试点的指导意见	结合重庆统筹城乡综合配套改革试点的实际需要,开展重庆市城乡居民合作医疗保险试点,建立覆盖全体城乡居民的医疗保险制度。
2007.12.14	重庆市农业局关于对 2007 年示范龙头企业、示范农民专业合作组织和示范产业大户命名的通知	为进一步推动我市农业产业化发展,大力培育规模化、组织化、标准化、信息化、特色型、外向型的新型农业产业化经营组织。
2007.3.20	重庆市农业局关于加快发展现代农业服务社会主义新农村建设的实施意见	坚持政策、科技、基础和人才四大支撑,促进科技创新和推广,壮大农业人才队伍;围绕提升农民素质、增加农民收入、改善生产生活条件谋划和推进各项工作。
2007.3.23	重庆市农业局关于上报 2007 年农业人才知识更新工程计划的通知	计划要求 2007 年全市计划培训 5250 人,其中集中培训 450 人,片区培训 2000 人,系统教育培训 800 人,区县培训 2000 人以上。
2007.4.30	重庆市人民政府关于进一步推进义务教育均衡发展的意见	以改善农村学校和城镇薄弱学校办学条件为重点,均衡配置教育资源,深入实施素质教育,全面提高义务教育质量,大力促进教育公平和城乡协调发展。

时间	政策措施	目的或内容
2007.5.17	重庆市人民政府关于全面建立和完善城乡医疗救助制度的意见	为切实帮助城乡贫困群众解决就医难问题,在总结我市农村和城市医疗救助试点经验的基础上,全面建立和完善城乡医疗救助制度。
2007.5.22	重庆市农业局办公室关于举办 2007 年新型农民科技培训和农民科技书屋建设项目管理培训班的通知	为贯彻全国农民教育培训工作会议精神,落实新型农民科技培训工程和农民科技书屋建设有关要求,举办新型农民科技培训和农民科技书屋建设项目管理培训班。
2007.6.28	重庆市教育委员会关于进一步推进城镇教师支援农村教育工作的意见	推进城镇教师支援农村教育工作,是解决农村师资薄弱问题的重要举措,是实现教育公平,促进义务教育均衡发展,提高我市农村教育质量的重要措施。
2008.1.18	中共重庆市委重庆市人民政府关于进一步促进农业发展增加农民收入的意见	突出抓好农民转移就业、改善农村民生等五大任务,全面深化土地流转制度、农业投融资体制、农村产权制度、农产品流通体制、农业服务体系五项改革。
2008.10.20	重庆市人民政府办公厅关于引导和鼓励农民工返乡创业的意见	坚持农村富余劳动力转移就业和农民工返乡创业"两手抓"的方针,建立健全促进农民工返乡创业和城乡统筹就业的工作机制。
2008.10.17	重庆市农业委员会关于公布我市全国农产品加工创业基地的通知	各区县农产品加工行政管理部门要加强对全国农产品加工创业基地的管理和监督,在创业服务体系建设上加大投入力度,促进农产品加工创业基地的健康发展。
2008.11.26	中共重庆市委关于加快农村改革发展的决定	目标任务之一是统筹城乡综合配套改革取得重大突破,构建起农民土地权益保护、农业农村建设投入、城乡劳务经济健康发展等体制机制。
2008.12.20	重庆市人民政府关于促进农民专业合作社持续健康发展的意见	积极推进农民专业合作社以自我教育、自我管理、自我服务为主要内容的民主管理,鼓励农民专业合作社开展农民技能培训。

续表

时间	政策措施	目的或内容
2008.12.28	重庆市农业委员会、重庆市财政局关于下达 2008 年阳光工程返乡农民工技能提升培训计划的通知	为了加大对返乡农民工职业技能培训力度,市农委、市财政局根据全市 2008 年阳光工程的总体目标任务要求,综合确定了各区县 2008 年阳光工程返乡农民工技能提升培训计划。
2008.5.13	重庆市农村乡镇人才队伍建设计划	统筹推进城乡人才资源开发,加大农村乡镇人才开发力度,着力构建农村乡镇人才培养、吸引、使用新机制,不断优化农村乡镇人才队伍结构、提高人才队伍素质。
2008.7.31	中共重庆市委农工委、重庆市农业委员会关于认真做好2008 年农民赴新疆摘棉工作的通知	为充分发挥季节性劳务输出对农村劳务经济发展的促进作用,建立农民工赴新疆摘棉的长效工作机制,使之成为我市农民就业和增收的一条有效渠道。
2009	中共重庆市委办公厅重庆市人民政府办公厅关于加强农村实用人才队伍建设的意见	为农村实用人才培养、服务、评价、激励、保障等方面制定了一系列政策措施,使我市农村人才队伍的建设迈上了一个新台阶。
2009.1.4	重庆市人民政府办公厅关于进一步做好农民工工作的通知	我市是全国重要的农民工输出地。为解决金融危机下农民工就业形势严峻问题,进一步做好农民工工作,促进农村经济发展和农民增收,制定此通知。
2009.2.5	国务院关于推进重庆市统筹城乡改革和发展的若干意见	制定了重庆市统筹城乡改革和发展的总体要求及战略任务,改革涉及现代农业发展、城乡基础建设、经济发展方式转变、城乡社会事业发展、城乡体制改革等内容。
2009.6.23	关于印发重庆市统筹城乡综合配套改革试验总体方案的通知	围绕推进城乡经济社会协调发展、城乡劳务经济健康发展、土地流转和节约集约利用三条主线,推进城乡规划、社会保障、基本公共服务等体制改革创新。
2009.10.10	重庆市人民政府关于深化医药卫生体制改革的实施意见	以建立基本医疗卫生制度为目标,以完善城乡医疗卫生服务体系为重点,逐步缩小城乡医疗卫生服务差距,完善城市医院对口支援农村制度。

续表

时间	政策措施	目的或内容
2009.11.13	重庆市农业委员会办公室关于举办科教能力建设培训班的通知	为贯彻落实我市农业科技与信息工作会精神,提高我市农业科教工作者的素质,制定此通知。
2009.11.24	重庆市农业委员会关于公布第一批市级现代农业技术培训基地及示范县基层农技人员培训工作的通知	为提高基层农技推广人员业务素质和技能水平,增强科技对农业农村经济发展的支撑能力,按照"服务主导产业、尊重农技人员意愿、突出培训实效"的原则,坚持培训、指导、服务三位一体,因人施教开展培训。
2009.7.1	重庆市人民政府关于开展城乡居民社会养老保险试点工作的通知	建立健全与经济发展水平相适应、与其他社会保障制度相配套、以保障城乡居民年老后基本生活为目的的社会养老保险制度。
2009.9.25	关于印发重庆市城乡居民社会养老保险试点实施意见的通知	参加农村社会养老保险的人员,原老农保基金债券由各区县负责清理并做妥善处理。申请将个人账户合并计算的,将老农保个人账户积累额足额转入居民养老保险。
2009.9.27	重庆市人民政府关于调整我市城乡居民合作医疗保险管理体制的意见	调整城乡居民合作医疗保险管理体制,将新农合、城乡居民合作医疗保险工作进行合并,是关系医疗卫生体制改革的一项重要内容。
2010.10.19	重庆市农业委员会关于开展农业技术人员培训的通知	培训任务要求 2010 年全市计划培训 4000 人,培训对象主要是各区县农业部门的农业技术人员。
2010.11.23	重庆市人民政府关于加快推进农村金融服务改革创新的意见	完善农村金融组织体系,创新农村金融服务配套支撑体系,为农村经济社会发展提供全方位的金融支持。
2010.11.8	重庆市农业委员会关于征求农民技术人员职称评定管理办法意见的通知	为加强农村实用人才队伍建设,提高农村劳动力整体素质,促进农业和农村经济社会协调发展,使农民技术人员职称评定工作规范化、制度化,制定本办法。

续表

时间	政策措施	目的或内容
2010.12.17	重庆市农业委员会关于2010年示范县基层农技人员培训和建设农民田间学校试点工作的通知	为提高基层农技推广人员业务素质和技能水平,增强科技对农业农村经济发展的支撑能力,促进农民与技术、市场、信息对接,加快科技成果转化,积极建设农民田间学校,增强农技人员为农民服务的本领。
2010.2.10	关于贯彻落实人力资源和社会保障部紧急通知进一步解决企业拖欠农民工工资问题的通知	为切实解决企业拖欠农民工工资问题,维护社会稳定,要求各地进一步落实责任,确保各项解决企业拖欠农民工工资问题的措施落到实处。
2010.3.2	中共重庆市委重庆市人民政府关于实施"两翼"农户万元增收工程的意见	加快统筹城乡综合配套改革和全面建设小康社会步伐,在渝东北、渝东南地区17个区县实施"两翼"农户万元增收工程。
2010.7.16	重庆市社会保险局关于印发《重庆市城乡居民社会养老保险操作规程》的通知	规程严格制订了城乡居民社会养老保险的参保登记、缴费、待遇核定、发放及管理等操作程序。
2010.7.25	重庆市统筹城乡户籍制度改革社会保障实施办法(试行)	为促进我市农村居民转为城镇居民,结合我市社会保障工作实际,整合各种社会保障资源,让农村居民转为城镇居民后能够享有与城镇居民同等的社会保障待遇。
2010.7.25	重庆市统筹城乡户籍制度改革的意见	实现市域内户籍合理转移,逐步建立城乡人口和资源要素自由流动的制度体系。
2010.7.25	重庆市户籍制度改革农村土地退出与利用办法(试行)	为推进重庆统筹城乡户籍制度改革,加快城乡经济社会协调发展,促进农村土地资源有效利用。
2010.8.1	重庆市统筹城乡户籍制度改革农村居民转户实施办法(试行)	为进一步深化户籍制度改革,加快城镇化进程。按照宽严有度、分级承接原则,适度放宽主城区、进一步放开区县城、全面防控乡镇落户条件。

续表

时间	政策措施	目的或内容
2010.8.13	重庆市卫生人才队伍建设规划	为建设一支人民满意的卫生人才队伍、统筹重庆医疗卫生事业全面、协调、可持续发展,农村基层的医疗服务和公共卫生人才短缺局面得到改善。
2010.8.24	重庆市人力资源和社会保障局关于切实做好维护转户居民劳动保障合法权益工作的通知	维护转户居民的劳动保障合法权益是完善就业、社会保险等改革保障机制,推进统筹城乡户籍制度改革的一项重要工作。
2010.9.11	关于推进重庆市户籍制度改革有关问题的通知	为确保我市户籍制度改革工作顺利推进,对各区县(自治县)、各部门在户籍制度改革推进过程中遇到的政策层面、操作层面、工作层面的有关问题做出解释。
2010.9.14	重庆市农业委员会关于下达2010年农村信息化三级示范任务的通知	按照今年市委一号文件关于"实施农村信息化示范工程"的要求,评比确定了2010年拟实施的农村信息化示范区县4个、示范乡镇41个、示范村205个。
2010.9.20	重庆市农业委员会、重庆市财政局关于实施2010年农村劳动力转移培训阳光工程工作的通知	阳光工程培训对象是农业和农村服务业、农产品加工业、农村特色产业和农民创业发展中的从业人员。针对性地开展技能培训和引导性培训,重点提高农民的生产能力。
2010.9.29	重庆市人民政府办公厅关于进一步完善城乡居民合作医疗保险制度的指导意见	从2011年起城乡医疗救助资助参保标准为:农村低保对象等参加居民医保一档,个人应缴纳的参保费除五保对象给予全额资助外,其他救助对象给予20元的资助。
2011.1.28	重庆市人民政府关于加快建设现代农业努力增加农民收入的意见	总体要求:按照在工业化、城镇化深入发展中同步推进农业现代化的要求,狠抓生产保供给,力促增收惠民生,加大强农惠农力度,促进农村社会和谐发展。
2011.1.6	重庆中长期教育改革和发展规划纲要	为加快农村教育发展,建立健全统筹城乡教育发展的体制机制。加快主城及周边地区教育发展步伐,重点扶持三峡库区、民族地区教育发展,推进城乡教育一体化。

续表

时间	政策措施	目的或内容
2011.10.24	重庆市城乡居民合作医疗保险市级统筹办法	居民医保市级统筹实行"统一政策、分级管理,统一预算、分级核算,统一调剂、分级平衡,统一考核、分级负责"模式。
2011.11	重庆市农村实用人才队伍建设规划	突出抓好生产型、经营型、技能带动型、科技服务型和社会服务型等五大类农村实用人才,充分发挥市场在农村人才资源配置中的基础性作用。
2011.3.2	重庆市人民政府关于加快推进 2011 年医改重点工作的意见	坚持硬件设施建设和人才队伍培养相结合,全面启动公立医院改革,实现基本医疗保险全市统筹、基本药物制度基层全覆盖。
2011.6.23	重庆市农业委员会、重庆市财政局关于申报 2011 年两翼农户万元增收工程第一批农业产业化龙头企业补助和贷款贴息的通知	为吸引更多的农业产业化龙头企业和农民专业合作社积极参与"两翼"农户万元增收工程建设,带动农户增收,决定对龙头企业带动"两翼"农户增收继续实行财政直接补助或对所借贷款进行贴息的政策。
2011.8.17	关于开展统筹城乡人才发展暨区县紧缺人才引进活动的通知	着力解决我市区县(自治县)在经济发展过程中对紧缺人才的需求问题;落实"一圈两翼"对口帮扶机制,组织结对区县(自治县)开展人才交流、吸纳转移劳动力。
2011.8.2	重庆市教育事业"十二五"规划	以统筹城乡教育改革发展为主题,以调整优化教育结构为主线,建立适合农村留守儿童教育培养的体制机制。
2011.8.31	重庆市户籍制度改革转户居民农村宅基地及其附属设施用地处置与用管理实施办法(试行)	农村居民转为城镇居民后,按照依法自愿的原则继续保留农村宅基地、附属设施用地及建筑物,任何组织不得强制或变相强制收回,并且流转价格由农民自行协商。

时间	政策措施	目的或内容
2011.9.9	重庆市人民政府关于印发重庆市国民经济和社会发展第十二个五年规划农业和农村经济发展重点专项规划的通知	"十二五"时期,我市肩负着建设统筹城乡综合配套改革试验区、在西部地区率先实现全面建设小康社会目标的重要使命,加快农业农村发展任务艰巨、意义重大。
2012.5.24	中共重庆市委重庆市人民政府关于大力发展职业技术教育的决定	为加快形成与城乡统筹发展和现代产业体系相匹配的现代职业技术教育体系,实行农民工职业技能培训鉴定补贴制度、农村中等职业技术学校资助政策等。
2012.9.12	重庆市人民政府关于推进新型城镇化的若干意见	完善农民工转户制度体系,形成科学有序的常态化转户工作机制。切实保障转户居民同等享有各类社会保障和公共服务,成为城镇新居民。
2012.9.13	重庆市职业技术教育改革发展规划	推进职业技术教育改革发展,培养适应经济发展的技能人才和高素质劳动者,加快建成职业技术教育强市。
2012.9.27	中共重庆市委重庆市人民政府关于加快推进农业现代化的若干意见	目标任务之一是农民人均纯收入达到全国平均水平,年均增幅超过城镇居民。农村面貌不断改观,社会保障更加有力,城乡差距进一步缩小。
2013.5.13	重庆市万名新型职业农民培育试点方案	为加快培育有文化、懂技术、会经营、善合作的新型职业农民,具体规定了试点区县培训、农机专项集中培训和市高等职院校承担培训的方式和数量要求。
2013.11.19	关于印发重庆市城乡居民大病保险暂行办法的通知	为健全和完善多层次的城乡居民医疗保障体系,提高重特大疾病保障水平,制定本办法。
2014.4.7	重庆市人民政府关于支持农业产业化龙头企业发展的实施意见	鼓励龙头企业与高等院校联合开展培训,培养优秀企业家队伍。加强对农民合作社领头人、农村经纪人的培训。培养造就有文化、懂技术的高素质新型职业农民。
2014.9.17	重庆市人民政府办公厅关于金融服务"三农"发展的实施意见	进一步完善农村地区商业性金融、政策性金融与合作性金融的融合发展机制,提升农村金融服务的能力和水平

第二节 重庆农村人力资源开发的既有政策框架

通过分析上述相关政策文件或措施的目的与内容,从纵向视角来看,直辖以来重庆农村人力资源开发的既有政策始终坚持以人为本为主线,即整个政策线脉发展从认识农民、理解农民、尊重农民,到关心农民、依靠农民,充分发挥了农村人力资源的积极性、主动性和创造性;从横向划分来看,重庆直辖以来农村人力资源开发的既有政策框架包括 22 项教育培训政策、21 项社会保障政策、15 项人才队伍建设政策、12 项新型农民组织政策、11 项就业创业政策、10 项财税金融政策、8 项户籍制度改革政策和 8 项综合政策,如图 5-1。应该注意的是,各项政策各司其职,同时又相互呼应、紧密联系,形成不可分割的政策体系,因此按照各项政策所反映的主题和重点内容进行分类具有相对性,便于政策框架解读。

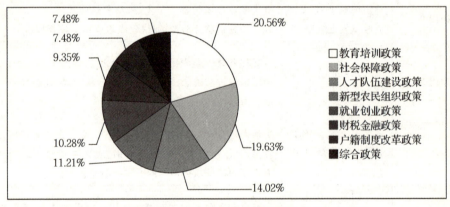

图 5-1 重庆直辖以来农村年人力资源开发政策汇总框架

一、教育培训政策

教育培训政策以培养农民文化素质和技能素质为主。一是教育政策在农村人力资源开发中具有基础性、全局性的重要作用。发展基础教育、完善职业教育,是直接关系农民切身利益与农民发展的先导;是提高农村劳动者素质,实现农业现代化、统筹城乡发展的关键所在;是劳动力自由流动、富余劳动力充分转移,推动新型城镇化、工业化,将人口压力转变为人口动力的重要绿色通道;是实现社会主义新农村、促进农村经济社会和谐发展的重要举措。鉴于此,重庆出台了多项促进农村教育发展的政策措施。针对重庆农村基础教育薄弱,义务教育经费欠缺等问题,重庆市于2001年和2006年分别出台了《重庆市基础教育改革与发展纲要》和《重庆市农村义务教育经费保障机制改革暂行办法的通知》。但是由于地域迁徙,外出务工的农民工子女教育问题和矛盾逐渐凸显,2003年10月重庆颁布了《关于进一步做好进城务工就业农民子女义务教育工作的意见》,首次将进城务工就业农民子女的义务教育纳入城市社会事业发展计划,并将其就学学校建设列入城市基础设施建设规划。尽管农村基础教育改革实现了大步跨越,但是城乡义务教育发展不均衡,教育资源倾斜严重。为解决这一问题,重庆分别在2007年4月和6月出台了《重庆市人民政府关于进一步推进义务教育均衡发展的意见》和《重庆市教育委员会关于进一步推进城镇教师支援农村教育工作的意见》,通过统筹规划、以城带乡,初步实现了城乡教育的协调发展。在基础文化素质提升的基础上,重庆市同时致力于农村人力资源职业技能素质的开发,颁布了多项关于农村职业技术教育的政策文件。总的说来,重庆直辖以来的教育政策将基础教育和职业教育相结合,以"全面推进、均衡发展"为主题,致力于提升农村人力资源的综合素质,并取得了一定成效。

二是培训政策在农村人力资源开发中具有前瞻性、引导性的重要作用。为实现农业现代化、增加农业收入,重庆历年来注重对农业农村人才的培训。2000年11月重庆市颁布《关于重庆市"绿色证书"制度管理办法》,该办法将发展农村经济和社会化服务体系建设联系起来,着力培养农村劳动者从业技能和文化科技素质。为进一步将绿色证书管理模式融入农民培训项目,2005年4月和9月重庆市分别实施了农业人才知识更新工程和新型农民科技培训工程,主要培训农业科技人员、培养新型农民骨干,对合格受训学员发予"绿色证书"。但是,上述政策对于提升转移就业的农民工从业素质作用有限,2008年重庆市下达"阳光工程"返乡农民工技能提升培训计划,对自愿参加职业技能培训的返乡农民工发予补助,并对市场上供不应求的岗位实施培训。随着农村经济社会的发展,为进一步吸引农村劳动力就地就近就业,提高农民就业、创业能力,并创造更多辐射带动效应,2010年9月重庆市实施了农村劳动力转移培训"阳光工程",进一步对农业、农村发展发挥了人才支撑作用。

二、社会保障政策

社会保障政策是维护农村乃至整个社会稳定的重要砝码,社会保障体系不完善、覆盖范围低是导致农村人力资源开发困境的主要因素。2010年通过的《中华人民共和国社会保险法》对于建立城乡统筹的社会保障制度具有重要作用。重庆市政府出台了多项相关法律法规和政策制度,逐渐形成最低生活保障与社会保险、商业保险相互补充、多元化手段并存的社会保障体系,利用各种渠道宣传医疗保险、养老保险等制度和政策的重要性,加大各项保险制度的覆盖面。同时健全监管机制,在经费预算和使用过程中增强透明度、公正度和规范度。

具体来说,农村社会养老保险是保障广大农民群众老年基本生活的制度,重庆市城乡基本养老保险分别于 2009 年和 2010 年在各区县试点展开,并于 2011 年实现了重庆市全面覆盖;统筹城乡医疗保险制度,2011 年重庆全面启动公立医院改革,实现了基本医疗保险全市统筹、基本药物制度基层全覆盖;2012 年重庆实现了农民工大病医疗保险和城镇职工基本医疗保险并轨。通过制度创新和政策调整,整合各种社会保障资源,重庆逐步形成了"保基本、广覆盖、有弹性、可持续"的农村社会保障体系。

三、人才队伍建设政策

人才队伍建设是农村人力资源开发的基本途径,政府要加强农村实用人才队伍建设。重庆直辖以来通过"多渠道、立标杆"的形式培养农村人才,积极贯彻落实"掌优越技能、顶多种岗位、兴均衡产业"的综合型人才队伍建设政策。

农业是农村经济发展的主要产业,但农业发展缓慢、农业生产滞后,重庆市以培养农业科技人才队伍作为问题的突破点,制定了多项政策。1999 年 3 月颁布了《重庆市农业综合开发项目管理办法》,着力培养农业综合开发专业技术人才,并于 2005 年开展千名农业专家和万民农技人员助农促耕活动,进一步带动了"科技兴农、专家助农"的人才队伍建设。为提升农业科技人才的整体素质,重庆分别于 2006 年和 2007 年开办了农业知识更新工程高级研修班和下达了《重庆市人民政府关于进一步加强农业综合开发工作的通知》。

随着新农村建设的快速发展,新形势下重庆市在总结经验、完善政策的基础上,实行综合型人才开发,分别于 2006 年举办社会主义新农村建设研修班,以及 2007 年 3 月颁布《重庆市农业局关于加快发展现代农业服务社会主义新农村建设的实施意见》,紧紧围绕提升农民素质、增加农民收入等工作任务,壮大农村人才队伍。2009 年重庆市颁布了《中共重庆市委办公厅重庆市人民政府办公厅关于加强农村实用人才队伍建设的意见》,意见分别从实用人才培养、服务、评价、激励、保障等方面制定了一系列措施。由此,重庆市农村人才队伍的建设迈上了一个新台阶。为更进一步加强农村人才队伍建设,根据 2011 年《重庆市农村实用人才队伍建设规划》,要求对从事农业农村工作的村支两委干部、基层党员、种养大户等开展以函授为主的中等学历教育,实行成人中等职业教育的证书发放制度,加大对农村实用人才的教育和培训的财政优惠和政策支持。

然而庞大的农村人力资源要充分建设成为一支"有文化、高素质、懂技术、现代化"的农村人才队伍,不可能一蹴而就。尽管上述政策取得了较好效果,但对于技能鉴定一直尚未有完整而科学的论断。2006 年重庆市实施了《进城务工农村劳动者初次职业技能鉴定补助办法》,但其技能鉴定补助对象只针对进城务工的农村劳动者,而对于乡镇或农村地域的广大农民则没有涉及。2010 年 11 月颁布了《重庆市农业委员会关于征求农民技术人员职称评定管理办法意见的通知》,使农民技术人员职称评定工作得到进一步规范化和制度化。

四、就业创业政策

农民就业创业政策是全社会经济社会持续健康发展的必然策略。长期以来,城乡劳动力市场分割造成农民工转移就业困难,且遭遇不公平待遇,农民工于城市和农村之间形成"候鸟式迁移"工作状态。根据重庆市人力资源和社会保障事业发展统计公报,2012 年除去转户农民工 165 万人,现有农业户籍农民工 753 万人,其中,市内务工 418 万人,市外务工的 335 万人,外地来渝务工人员 115 万人。重庆市针对农民"就业难,创业更难"的现状,实施了各项政策统筹城乡劳动就业、维护农民工利益、引导农民有序转移、鼓励就近就业创业等。从 2001 年开始重庆大力推进"三百工程",即通过农业产业化经营、发展经济强镇和转移就业等方式,对农村人力资源就业创业实施优惠政策,增加农民就业渠道,实现农民增收。随着城市经济的快速发展,大量农村劳动力进城务工,重庆市分别于 2003 年和 2005 年发布了《关于做好农民进城务工就业管理和服务工作的通知》和《重庆市进城务工农民权益保护和服务管理办法》,要求对进城务工农民实行公平待遇,完善就业管理体系,加强对进城务工农民合法权益的保护。但是大量劳动力外流造成农村经济发展迟缓,重庆市在转移农村剩余劳动力的同时,对农村劳动力就近或就地就业或创业实施了一系列优惠政策,并在 2006 年首先对影响农村就业创业形势的乡镇农村经营管理改革情况进行了详细调查,在充分了解和掌握农村发展现状的基础上,于 2008 年 10 月连续颁发了《重庆市人民政府办公厅关于引导和鼓励农民工返乡创业的意见》和《重庆市农业委员会关于公布我市全国农产品加工创业基地的通知》两个政策文件,将农民工返乡创业作为统筹城乡发展的重中之重,并通过建立农产品创业加工基地的方式加大投资力度,完善创业服务体系,从而引进资源为农民创业创造条件。

一直以来,重庆将农民工的权益问题作为全市社会和谐稳定发展中带全局性的大事来抓,为促进农民工就业和农民增收,进一步维护农民工权益,走以人为本的发展道路,2009 年重庆市发布了《重庆市人民政府关于进一步做好农民工工作的通知》,在金融危机之下力挽狂澜,使农民工就业难问题得到有效缓解。又于 2010 年出台了《关于贯彻落实人力资源部和社会保障部紧急通知进一步解决企业拖欠农民工工资的问题》,政府实施了一系列措施对情况日益恶化的农民工工资拖欠问题加以控制和解决。但是,诸多历史遗留问题始终制约着农民工就业乃至整个农村社会经济的发展,各项权益保障工作仍任重而道远。

农民创业政策是农村人力资源有效开发的重要举措,为建设社会主义新农村,充分利用农村富余劳动力,重庆在上述政策落实的基础上,实施了多项举措鼓励农民工返乡创业。一是放宽准入条件,加强农民创业的自主选择权;二是以发放小额担保贷款的形式解决农民创业资金问题,并通过减免规费的方式减轻农民创业压力;三是开通"绿色通道",建设创业信息政策资讯平台,完善返乡创业服务平台,为农民工返乡创业与农村剩余劳动力就近就业提供政策指导、信息咨询、项目优惠等服务条件;四是通过宣传和带头模范作用,创造浓厚的创业氛围,引导农民工将先进技术和资金注入创业洪流中,带领农村脱贫致富。2015 年 6 月,为推动农民工等人员返乡创业,国务院办公厅印发《关于支持农民工等人员返乡创业的意见》,明确要求"既要保证返乡创业人员平等享受普惠性政策,又要根据其抗风险能力弱等特点,要及时将返乡创业农民工等人员纳入公共服务范围,及时将电子商务等新兴业态创业人员纳入社保覆盖范围"①,这将为重庆市返乡农民工创业提供一个良好的启动和发展空间。

五、新型农民组织政策

新型农民组织政策是促进农村人力资源开发、带动农村经济社会发展的内生驱动力。新型农民组织包括乡村基层组织、农民组织、农业专业协会、龙头企业等组织形式,这些组织通过培训等多种渠道培养专门人才,增强农民技能和综合素质,从而为农村人力资源的有效开发创建平台。

乡村支部主要负责党的思想教育,各种协会承担专业性的人才组织管理,乡镇企业则根据市场需要进行人才培训;农业专业协会是介于公司和农户之间的准合作经济组织,也是行政辅助机构,它通过向农户提供资金帮助和技术支持,从而使农村劳动力获得专业性的就业技能。截至 2013 年 6 月,重庆市各类农村合作经济

---

① 国务院推动农民工创业　电子商务创业人员将入社保[EB/OL]. 京华时报. http://finance.qq.com/a/20150622/004131.htm? pgv_ref=aio2015&ptlang=2052,2015-6-22.

组织总数为 23695 个,其中农民专业合作社 17792 个,股份合作社 2134 个,农村综合服务社 2312 个,协会组织 1457 个,全市加入农民合作组织的农户达 329.1 万户。加大政策力度推动农村合作经济组织的快速发展,成为促进农村人力资源开发的重要力量,鼓励开展"农超对接""农校对接""农社对接"等多种形式的新型合作经济组织①,是当前发展的主要趋势。另一方面,龙头企业以高科技、高标准创立基地,积极带动农民实行良种良法,并对农民技术进行指导,为农业发展提供智力支持,是农业走向现代化、培养新型农民的主力军。企业在自主经营中获得盈利,同时也带动了农村经济的发展,提高了农民的技能和素质。重庆市将龙头企业发展政策作为促进农村人力资源开发的战略措施,直辖以来颁发了多个相关政策文件,如 2013 年 4 月最新出台的《重庆市人民政府关于支持农业产业化龙头企业发展的实施意见》,明确要求将龙头企业融入农业产业化经营,加快技术创新步伐,完善人才培养规划、形成科学培养长效机制,进一步加强了新型农业技术的推广和农村人力资源技能素质的提升。

六、财税金融政策

进行人力资源开发,必然要求提高资本投入与支持力度。"其资本类型包括农村教育资本、技术资本、农村建康资本和农民迁移资本"。② 其投资内容包括教育培训投资、卫生健康投资和空间配置投资。在市场经济条件下,农民个人投资势单力薄,无法满足日新月异的现代化产业发展。因此,拓宽农村投资渠道,建立多元化融资体系,是当前农村人力资源开发的必然选择。

重庆立足新农村建设、农民转移就业、农村民生改善、全市稳定和谐发展等理念,全面落实《国务院关于推进重庆市统筹城乡改革和发展的若干意见》,促进农村金融要素有序流动。为走出农村金融体制机制困境,改善农村人力资源开发的投融资"贫血"问题,重庆市近年来出台各项财税金融政策以加大对农村人力资本投资。如农村产权制度与农村土地交易流转为农村金融服务奠定了坚实基础;为建立农村金融组织体系,政策积极鼓励商业银行、民间投资、农民专业合作社等各种组织投资发展新型农村金融机构,并以"贷款＋技术"等方式创新农村金融投资模式;持续增加农村信贷投入,作为农民生产、生活资金筹集的主要渠道,农村信用社贷款关乎农民增收和农村稳定甚至全市经济发展的大局;历年来重庆出台政策对其增资扩股,创建"农村合作金融信用县"等活动;增加财政投入,对农民实行直接

①陈晓华.现代农业发展与农业经营体制机制创新[J].农业经济问题,2012,33(11):4—6.
②吴雨才.中国农村人力资源开发政府行为研究[M].北京:经济科学出版社,2012:50.

补贴,增加政府对农村的固定资产投资;以政策性银行、商业银行和地方法定金融机构为支持体系促进农村人力资本投资、发展农村经济;完善农村"三权"抵押融资,重庆兴农融资担保公司、重庆农业担保公司是重庆的"三农"融资担保平台,以此为条件,建立"三权"抵押贷款担保体系,为农村劳动力创造了更多就业和创业机会,是农村人力资源开发投资融资的重要途径。

七、户籍制度改革政策

户籍制度改革是统筹城乡综合改革的突破口,户籍制度改革的根本目标是实现人口的自由流动和城乡二元结构的瓦解,实现城乡居民就业平等,营造农村人力资源开发的制度环境。计划经济体制下的城乡二元户籍制度导致城乡差距不断拉大,严重制约了农村经济的发展和人口素质的提高。因此,要实现城乡统筹,提高农村人力资源质量,就必须建立城乡统一的户籍制度,取消等级限制和户口歧视,使户籍与就业、居住、教育、社会保障等基本权利脱钩,以稳定的职业与居住地作为户口登记的标准。

重庆的户籍制度改革在全市范围内正式施行主要是从 2010 年 8 月 15 日开始,以连续推出四个文件为标志,即《重庆市统筹城乡户籍制度改革的意见》《重庆市统筹城乡户籍制度改革社会保障实施办法(试行)》《重庆市统筹城乡户籍制度改革农村居民转户实施办法(试行)》和《重庆市户籍制度改革农村土地退出与利用办法(试行)》。此次改革的总体目标有两个:一是 2010 年到 2011 年实现新增城镇居民 300 万人,非农户籍比重由 29% 上升至 37%;二是 2012 年到 2020 年力争每年转移 80 万~90 万人,到 2010 年实现新增城镇居民达到 700 万人,主要面向于有条件的农民工及新生代和户籍历史遗留问题群体。自此之后,户籍制度改革重点落地于 5 项原则:一是以转移就业农民工为主要对象;二是跟进保障体系,力求公平到位;三是遵循农民意愿、留存土地权益;四是转移落户科学配置,即设定在大城市、区县城和小城镇的转户居民比例为 4∶3∶3,防止大城市过度承载和小城市管理重负等问题;五是长周期改革成本实行可承受分担机制,即政府、企业和转户居民三者的成本分担比例分别为 3∶4∶3。"重庆市自户籍制度全面改革实施以来,截至 2014 年累计转户居民达到 380 多万人。"①所谓"冰冻三尺,非一日之寒",由来已久的二元户籍制度几乎在社会的各个层面都带有残渣腐质,仅为解决户籍制度而改户籍决然不能破冰。因此,重庆为全面推进户籍制度改革,必然要求统筹规

---

① 程志毅.新型城镇化的两大重点[EB/OL].人民网.http://theory.people.com.cn/n/2015/0202/c40531-26490460.html,2015-2-4

划、综合配套。几经酝酿,重庆对农民转户进城实施了"3＋5"政策体系,即"三年过渡、五项纳入",将土地改革、就业制度、社会保障、住房问题、教育和医疗统统纳入改革配套体系之中。重庆此番改革可以说是我国近几十年来规模最大、配套最完善、影响最深的一次户籍制度改革。

第三节　重庆农村人力资源开发政策的演进趋势

重庆直辖以来,农村人力资源开发在政策依傍之下已经取得了长足发展,科技兴农逐步走向现代化,农村劳动力实现有序转移,统筹城乡发展日益科学化。事实证明,农村人力资源开发政策的制定本身是一个不断创新和完善的过程。当前重庆正处于社会转型期,农村人力资源开发面临诸多困难,且新问题不断涌现,这更需要在实践中加大对政策创新的力度。总结重庆直辖以来农村人力资源开发政策的发展历程,明晰既有政策的变迁趋势,对统筹城乡一体化发展、促进整个社会的和谐稳定具有重要意义。

一、以人为本为主线贯穿政策发展全过程

"以人为本"我国自古有之,管仲提出"想建立霸王之业,必须以人为本"的思想,儒家亚圣孟子"民为重,社稷次之,君为轻"彰显厚重民本思潮,"水能载舟,亦能覆舟"一语凸显贞观政要。马克思主义通过人的本质科学揭示了"以人为本",社会发展是以人为动力助推,实现人的自由而全面发展则是社会发展的最终目的。1977年邓小平坚定不移的提出"尊重知识,尊重人才",成为新时期党的知识分子政策性的代表口号。而后在十七大上,坚持以人为本,全面、协调、可持续的科学发展观被写入党章。习近平总书记着眼于全局,提出"我们将坚持以人为本,全面推进经济建设、政治建设、文化建设、社会建设、生态文明建设,促进现代化建设各个方面、各个环节相协调,建设美丽中国"。是此可知,"以人为本"发展至今,已是深入人心的治国之策、社会经济发展之根本,这一思想将人民的利益作为一切工作的出发点和落脚点,不断实现人的自由而全面的发展。

农民问题始终是重庆全面建设小康社会的重点和难点,农民问题归根结底是农民的发展问题。农村人力资源是农村经济发展的主体,同时也是全市社会和谐稳定、经济持续发展的不竭动力。因此,将农民人口压力转换成人力资源动力,以

农村人力资源开发促成农民自身的发展,是解决农民问题的关键。从上述政策框架可知,农村人力资源开发是一个复杂的系统工程,其政策制定势必要求以人为本,并通过多方面的有机协调和配合,最终实现农民的全面发展。具体来说,为提高农村人力资源的综合素质,提升农民的智力水平,重庆市颁布多项政策完善农村基础教育、职业教育,对涉农专业实行全额补贴,同时发展新型农民,实施农村人才队伍建设,对农民进行技能培训;建立农村社会保障制度,重庆市逐步形成"生有所靠、病有所医、老有所养"①的社会保障政策体系;为解决农民就业创业和农村剩余劳动力转移等问题,对就业人员进行专业培训,以政策法律等方式推进户籍制度改革,对进城务工农民合法权益加强保护,发展新型农民组织,促成农民自我学习、创造就业机会、营造创业平台;加强农村财税金融管理,重庆市对粮农直接补贴减轻农民负担,实施三权抵押贷款缓解农民创业资金压力。总体而言,这些政策措施无不贯穿着"以人为本"的主线,即以农民利益为根本出发点,满足农民各方面需求,力求农民自身发展,从而驱动农村经济大踏步前进。

二、以打破制度障碍为根本支撑重构政策

制度障碍所带来的不良社会效应,对农村人力资源开发产生了长期性的滞后影响。中华人民共和国成立以来,为适应我国特殊时期政治经济环境,选择了重工业轻农业、重城市抑农村的发展道路。在政策领域,严格实施城乡户籍制度、就业等级制度、教育资源倾斜制度、城乡社会保障差别制度等多项不利于农村发展的制度,以致形成当前严重不公的城乡二元经济社会结构。重庆具有典型的"大城市带大农村"的发展形势,二元经济结构尤其凸显,长期以来的二元制度成为重庆农村人力资源开发的桎梏。

一是打破户籍制度障碍。将农民限制在农村范围之内,限制其自由流动权利和择业机会,不仅束缚了农民个人的发展,更使重庆城镇化进程一度缓滞,农村现代化进程也难以延续。2003 年 7 月重庆颁布《关于加快我市城镇化进程进一步深化户籍制度改革的意见》,自此重庆市开始分阶段、有步骤地实施城乡户口一体化制度改革,逐步取消农业户口和非农业户口,并将其统称为"重庆市居民户口",这无疑是重庆为解决城乡二元分割、实施户籍制度改革的历史新起点。此后于 2010 年,重庆市推动了全面性户籍制度改革,并颁布了多项配套政策措施,此次改革以全面系统的制度设计为前提,取得了创新性和突破性进展。二是打破就业制度障碍。二元分割的城乡劳动力配置将农村人力资源牢牢捆绑在农村土地上,农村剩

---

①牛春梅,李晓玲,方艳.农村常用政策与法律[M].北京:中国劳动社会保障出版社,2011:38

余劳动力转移就业面临着市场竞争不公、择业歧视等难题。近年来,重庆市为解决农民进城就业、农民工权益保护等问题重构政策,并以中小城镇发展带动农民就地或就近就业,鼓励返乡农民工创业,以政策为导向促进城市资源、要素、技术等向农村转移。三是突破社会保障制度的制约。在二元经济体制之下,政府一般采取"厚城薄乡"的态度发展经济,以公共财政为主导的农村社会保障制度长期缺位。当前,重庆农村,特别是山区地带,依附于农村集体经济制度的合作保障体系几乎解体,仅仅依靠家庭及农民自身的保障体系,农民在疾病与灾难面前朝不保夕。为重构农村社会保障体系,重庆市通过对医疗保险制度、养老保险制度、最低生活保障制度等的逐步改革,力图以政策安排组建一个城乡统筹的社会保障制度性体系。

三、以实现农民发展为重要内容制定政策

农村人力资源开发政策发展的历程就是"认识农民—理解农民—尊重农民—关心农民—依靠农民"的发展过程,其基本轨迹表现为解除行政性压制,使农民个性得到解放;突破地域性束缚,城乡逐步走向协调;依靠农民力量,促使农村社会经济崛起。事实证明,唯有农民自身得到发展,才能充分调动农民生产的积极性、主动性和创造性。总结重庆农村人力资源开发政策的演变可知,实质是政府对农民控制范围的缩小、农民权力的递增及服务和投入增加,实现农民发展的过程,也正是由于农民自身得到全面发展,广大农民的人口压力才能转换为人力资源动力,从而发挥出农村人力资源伟大的生命力和创造力,这不仅表现在农业现代化、社会主义新农村建设、城乡统筹发展上,更表现在推进农村经济发展、全市社会和谐稳定的每个步骤和各个环节上。

从目前重庆农村人力资源开发政策的具体制定内容来看,主要为实施农村土地制度改革,允许农民自愿有偿流转土地承包经营权,突破农民在土地上的限制,实现农村人力资源的自由流动;在资金投入方面,发展村镇银行等农村金融体系,完善农村信贷及涉农保险制度,加大农村公共财政的支持力度,使"三农"投入逐年增加,进而奠定农民发展的物质基础;为农民工返乡创业营造平台、实施政策优惠,促进资源、技术、资金等在农村的传输,并带动农民对现代理念的学习;通过改革农村基础教育体系、完善农村职业教育体系,加强农村文化事业建设及基层民主政策建设等政策措施,采取多种渠道、利用多种资源培养"有文化、懂技术、会经营"的新型农民。据统计,2012 年重庆市农业学校和市农机校两所涉农学校在校生规模均稳定在 1 万名学生左右,市农机校建成国家级示范中职学校,成为全国最大的农业类学校。2012 年全年投入 7200 万元,开展农业职业技能培训 9.6 万人、农业专项技术培训 8.4 万人、农业创业培训 0.2 万人,评定农业技术职称 980 人,农民职业技

能鉴定 1.8 万人,数量位居全国前列。培训区县农业部门干部、农业技术人员 3580 人,占全市农技人员总数的 1/3。① 实践证明,重庆农村人力资源开发的既有政策内容都是围绕"农民发展"这个主题,以保护农民权益、尊重农民意愿为出发点和立足点制定政策,只有完善农村发展体制机制,全市经济才能得以全面协调发展。

四、以促进农民增收为根本前提引领政策

促进农民增收是重庆农村经济工作的重心,但由于制约农民收入增长的因素错综复杂,其增长缓慢问题难以在短期内看到实效。制约农民收入增长的主要因素首先体现在二元经济结构的束缚上,城乡隔离发展所带来得负面效应造成农村基础设施落后、农村剩余劳动力转移滞后以及资源要素配置不合理等诸多问题,直接制约着农民的持续增收;其次是农村经济组织发展缓慢,农民组织化水平在一定程度上决定着农村经营生产方式,低效的组织形态难以推动农业产业化发展,使农民收入无法实现现代化增长轨道;最后,农民文化程度低也是制约农民收入增长的重要因素,农民受教育水平总体上止步于九年义务教育,这对农民掌握先进科学知识、应对市场变化、维护自身权利意识等不利,同时对于专项技术培训较少的农民而言,只得从事低水平的生产活动,更无法谈增收问题。

重庆直辖以来,加大对农民增收的引导和扶持力度,促进农村基础教育公平、增加农民职业培训范围,拓宽农民增收渠道、增强农民创收能力,从而实现了农民收入的持续较快增长。从农村人力资源开发的既有政策来看,重庆市将农民增收这一目标作为各项政策措施的根本前提,加大政府投入,实施"两翼"农户万元增收工程,通过发展农业、种植业、旅游业等现代化产业,实现农户三年实现万元增收的目标;发展劳动力市场一体化,使农村劳动力自由流动、进城就业,并实施"阳光工程",对外出务工的劳动力进行技能培训,通过农民就业能力的提高,增加农民工资性收入;优化农民经济组织,提高农民现代化经营水平,在农产品价格保障机制的基础上,大力发展特色农业,增加农民经营性收入;提高农村社会保障水平,逐步建立起城乡统筹的农村养老保险、城乡居民合作医疗保险、农村最低生活保障等社会保障体系,增加农民转移性收入等。

---

①2012 年重庆市农业农村人才工作成绩显著[EB/OL].重庆市政府公众信息网.http://www.cqagri.gov.cn/Details.aspx? ci＝2064&psi＝6&topicId＝468998,2012－12－17.

小结

时序概览是对事物历史演进规律认识的基础。根据重庆市农村人力资源开发政策的变化及重庆市经济社会发展情况，重庆直辖以来农村人力资源开发政策的历史演进轨迹可划分为三个阶段：第一阶段以确立适应重庆自身发展的政策体系为主要特征；第二阶段开始关注民生、凸显农民主体地位，成为农村人力资源开发政策的新特点；第三阶段在统筹城乡新常态下，集中解决城乡资源分配不均的问题。根据时序概览，重庆农村人力资源开发政策框架包括教育培训、社会保障、人才队伍建设、就业创业、新型农民组织、财税金融和户籍制度改革共7个政策模块。从政策的历史演变角度来看，既有政策的演进趋势主要是以"以人为本"为主线，以打破制度障碍为根本支撑，逐步实现农民发展和农民增收问题。

第六章　重庆农村人力资源开发政策效应与问题分析

在重庆农村人力资源开发现状分析,以及直辖以来既有政策回顾的基础上,本章通过对重庆农村人力资源开发政策效应的评价,深入分析重庆农村人力资源开发政策的现实问题及其成因,以期为揭示重庆农村人力资源开发政策创新的影响因子提供历史依据。

第一节　重庆农村人力资源开发政策效应评价

效应评价是对事物发展情况与结果的分析,农村人力资源开发政策效应分为内生效应和外生效应两个方面。根据重庆农村人力资源开发的既有政策框架,本节拟使用两项典型政策系列——农村义务教育政策和户籍制度改革政策,分别对重庆农村人力资源开发政策的内生效应和外生效应进行评价。

一、农村人力资源开发政策效应辨析

我国现阶段已进入统筹城乡发展、新型城镇化建设的攻坚期,农村人力资源开发的现实意义已经超越农民自身发展的局限。作为解决农村人力资源开发问题的突破口,政策的制定和实施对农村人力资源开发具有直接的指导作用。因此,对农村人力资源开发政策的效应分析应该跳出农民个体范围,将其放置于整个经济社会发展的大系统中来评价。基于此,农村人力资源开发政策的效应评价应主要从内生效应和外生效应两个方面进行分析。

（一）农村人力资源开发政策的内生效应

政策内生效应的理论基础是内生发展理论,内涵即为政策对作用对象所产生

的内部影响。通过政策的制定和实施,促进资源的有效配置、先进技术的带领示范、资金的协调分配及其文化的教育熏陶等,加强人力资源开发力度,最终实现本地居民生活质量的提高和区域内经济效益的最大化。其传导机理主要概括为三个过程:一是通过政策的制定和实施,实现劳动者综合素质和劳动技能的提高;二是在劳动者个体素质和技能提高的基础上,运用先进工具改造对象,从而提高劳动者自身的劳动生产率,实现本地居民生活水平的提高;三是通过示范效应,个体带动群体,实现区域内经济效益的增长。

农村人力资源开发政策的内生效应是政策对农民自身发展和农村区域内部产生的效益。通过政策的直接引领作用,实现资源公平合理配置,促成农村人力资源有效开发,从而启动农村区域内部增长的动力。具体表现为:第一,在教育培训政策、金融投资政策、社会保障政策等各项配套政策体系完善的基础上,提高农民科学文化素质,并赋予他们改变自身、适应社会的能力;第二,通过教育、培训、投资等各种渠道培育新型农民,并以示范带头方式带动其他村民,使本地农村居民掌握先进理念和技术;第三,将这些技能渗透到生产生活中,实现农民致富,进而影响整个区域内的农村经济的发展。

(二)农村人力资源开发政策的外生效应

政策外生效应的理论基础是溢出效应理论,内涵即为政策对作用对象范围外所产生的影响,是指政策的运行,不仅会对政策对象产生直接的预期效果,而且会对政策对象之外的社会经济环境产生影响。其表现机制主要是在内生效应集聚的基础上,通过辐射作用实现规模效益的递增,从而将一个地域的发展扩散到其他地域,或是将经济领域的效益增长渗透到其他社会领域。

农村人力资源开发政策的外生效应即是政策对"三农"发展以外所产生的外部效益,是对整个社会经济全面协调可持续发展的影响作用。具体表现为三个方面:一是通过农村人力资源开发,充分调动农民生产生活的积极性、主动性和创造性,以农民内部的建设动力自觉地推动城乡统筹建设,实现农业化和城乡发展一体化;二是通过各项政策的实施和完善,保障农民自身利益,加强农村剩余劳动力的自由流动,增加城镇就业机会,从而促进新型城镇化建设;三是在政策引导下,大力发展掌握先进技术和科学知识的新型农民工,增强市内产业竞争力、提高工业技术水平,走新型工业化道路。

(三)内生效应和外生效应的比较分析

农村人力资源开发政策的内生效应和外生效应分别表现为如下特征:

1.内生效应的理论基础是内生发展理论,而外生效应是溢出效应理论;2.内生效应的作用范围主要体现在农村区域内部,而外生效应是对外部大环境产生影响;3.内生效应的作用对象为农民自身及农村区域,而外生效应则是针对全市经济社会的协调发展问题;4.内生效应的作用方式更为直接,而外生效应主要通过辐射、扩散等作用表现出来;5.内生效应的具体目标是解决"三农"问题,实现农民、农业、农村的全面发展,而外生效应的具体目标是推进"四化"同步发展,即实现农业现代化、新型工业化、新型城镇化和城乡发展一体化。农村人力资源开发政策的内生效应和外生效应的区别具体表现见表 6-1。

表 6-1　农村人力资源开发政策的内生效应和外生效应的区别

特征	内生效应	外生效应
理论基础	内生发展理论	溢出效应理论
作用范围	内部	外部整体
作用对象	农民自身及农村区域	整个经济社会
作用方式	直接作用	辐射、扩散等
具体目标	实现"三农"发展	推进"四化"同步

二、效应评价方法

对重庆农村人力资源开发的政策效应评价主要采用方差分析方法,其基本思想是变异分解,即一项政策实施前和实施后是否使政策对象或所在环境产生了显著变化。在方差分析中,变异分解的指标是离均差平方和,用来表示总的变异大小,记为 SST,它由两部分构成:第一部分称为组内变异,组内变异只反映随机变异的程度,可用组内平方和来表示,记为 SSW;第二部分为组间变异,它反映了随机变异与处理因素两者影响之和,可用组间平方和来表示,记为 SSB。由此,我们可将其具体化为如下公式:

总变异＝组内变异＋组间变异

　　　　(随机变异)(随机变异＋处理因素导致的变异)

方差分析的检验统计量可将随机误差作为尺度来衡量各组间的变异,其公式如下:

$F=$ 组间变异测量指标/组内变异测量指标

进一步地,我们用均方来比较组内变异和组间变异的大小,记为 MS,可得如下检验统计量:

$$F_{k-1,N-k}=\frac{MSB}{MSW}=\frac{SSB/(k-1)}{SSW/(N-k)}$$

在上式中,$k-1$ 为组间自由度,$N-k$ 为组内自由度,两者之和为 $N-1$,称为总自由度。则 MSB 为组间均方,通过组间平方和与其自由度的比值计算所得;SSW 为组内均方,同理以组内平方和与其自由度的比值计算所得。当 F 检验相应的概率值小于给定的显著性水平,则认为控制变量的不同水平对观测值产生了显著影响。

由此,可得方差分析表 6-2:

表 6-2　方差分析表

变异来源	离差平方和	自由度	均方	F	P
组间变异	SSB	$k-1$	MSB		
组内变异	SSW	$N-k$	MSW	MSB/MSW	$P=\{F_{k-1,N-k}\geqslant F\}$
总变异	SST	$N-1$	MST		

三、基于具体政策的内生效应分析

为了科学评价重庆农村人力资源开发政策的内生效应,根据上述效应辨析,内生效应是农民自身发展和农村区域内部产生的效益,笔者拟使用一个政策系列和四个指标来反映效应释放状况。

指标数据主要来源于历年《重庆统计年鉴》和《重庆调查年鉴》,时间跨度为重庆直辖以来的 1997—2012 年,其计量分析在 SPSS statistics 20.0 上完成。基于量纲统一的要求,数据处理主要采用 Z-score 技术,即 Z 分数对各项指标的原始数据进行标准化,公式为 $Z=(X-\vartheta)/\sigma$,其中 X 为原数据,ϑ 为均值(mean),σ 为标准差(standard deviation)。

(一)描述统计

重庆农村人力资源开发政策内生效应的实质是通过政策的制定和实施,提高农民的综合素质和劳动技能,最终实现农民发展和农村区域内经济效益的增长,可具体概括为"三农"发展。因此,本着目标导向性、科学性、可行性等基本原则,主要选择以下四个变量:农村劳动力人均受教育年限,记为 X_1,反映了农村居民受教育水平和掌握知识程度;农村居民家庭人均纯收入,记为 X_2,反映了农村居民收入水平和生活质量的变化情况;农村经济总量,记为 X_3,是农村经济发展最直观的反映;农林牧渔业总产值,记为 X_4,反映了农业产业化、现代化发展情况。

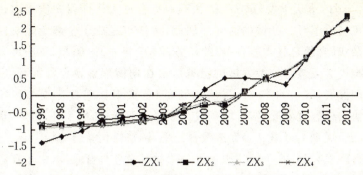

图 6-1　重庆直辖以来"三农"发展情况

经标准化处理后,由图 6-1 可知,农村居民家庭人均纯收入和农村经济总量呈逐步上升趋势,但上升速度缓急有期。1997—2006 年上升数度相当平缓,2006—2012 年间的上升速度加快,从这两个指标来看,重庆农村人力资源开发政策的效应释放良好。农林牧渔业总产值总体上呈"W"状增长态势,具体来说,1997—2000 年呈递减态势,2000—2005 年呈逐年增长趋势,2006 年骤然下降,之后呈快速上升趋势;农村居民受教育年限总体上呈"M"状增长态势,且波动频率较大,以 2002 年为界,之前呈递增态势,2003 年突然下降,之后再上升,2006 年之后又呈下降趋势,2010 年再次上升,从农林牧渔业总产值和农民受教育年限两个指标来看,重庆农村人力资源开发政策的效应释放在波动中趋于良好。

综上所述,重庆农村人力资源开发政策有动力因素促成内生效应良好释放,同时也有牵制因素阻碍其有效释放,因此还存在着较大波动。为进一步探究其效应水平,以下运用方差分析法,对其进行评估。

(二)农村义务教育政策的效应评价

农村教育在建设社会主义新农村中具有基础性、先导性和全面性的重要作用。而农村义务教育政策更是直接关系新一代农民切身利益,是满足农村居民学习需要、提升自我的关键所在;是提高劳动者素质,促进农民增收、农业现代化和社会主义新农村发展的直接要素;是转移农村剩余劳动力,变人口压力为人口动力,实现农村经济效益快速增长的基本途径。因此,笔者选取直辖以来重庆实施的一系列农村义务教育政策对农村人力资源开发政策的内生效应进行评价。

2001 年 12 月,重庆颁布《重庆市基础教育改革与发展纲要》,启动实施大城市带动大农村战略;2003 年 10 月又颁布了《关于进一步做好进城务工就业农民子女义务教育工作的意见》,旨在解决城市化进程中进城务工农民子女义务教育问题;2005 年 12 月,重庆实施《中共重庆市委办公厅重庆市人民政府办公厅关于深化农村义务教育体制改革的实施意见》,对农村义务教育施行以县为主的教育管理体制；2006 年 6 月，重庆下发《重庆市人民政府办公厅关于印发重庆市农村义务教育经费保障机制改革暂行办法的通知》，届此，重庆市完成了全部免除农村义务教育阶段学生杂费（含信息技术教育费）的任务；2007 年 4 月，颁布《重庆市人民政府关于进一步推进义务教育均衡发展的意见》，旨在均衡配置教育资源，促进教育公平和城乡协调发展；2011 年 1 月，重庆市颁布《重庆中长期教育改革和发展规划纲要》，为加快农村教育发展，实行城乡教育一体化发展；同年 8 月，拟定《重庆市教育事业"十二五"规划》，以进一步促进教育公平，调整优化教育结构。

重庆直辖以来的 16 年间共颁布了 7 项农村义务教育政策，由于在政策的推进过程中，农村劳动力人均受教育年限、农村居民家庭人均纯收入、农村经济总量和农林牧渔业总产值这 4 项指标的方差具有显著差异，特别是从 2003 年之后，数据差异更为明显。因此，为适应方差分析的前提条件，对 2003 年之后的阶段进行了再划分，分别为 2004—2006 年、2007—2010 年和 2011—2012 年。笔者结合农村义务教育政策的逐步完善过程及演变规律，分别将这 4 个阶段命名为基础改革阶段、深入改革阶段、均衡协调阶段和规划发展阶段，并讨论随着这 4 个阶段各项义务教育政策的落实，对农民发展及农村经济效益增长是否产生了显著影响。

首先，在方差分析之前，利用均值过程对其应用条件进行一般描述。从表 6-3 可知，每个指标数据的 4 个阶段标准差相差不大，即方差可能是齐性的。

为进一步检验方差齐性，运用 Levene 法对农村义务教育政策的基础改革阶段、深入改革阶段、均衡协调阶段和规划发展阶段四个水平上的各个观测变量进行方差齐性检验，其结果如表 6-4。农村劳动力人均受教育年限、农村居民家庭人均纯收入、农村经济总量和农林牧渔业总产值的 Levene 统计量分别为 1.458，3.459，3.212，2.572，在当前自由度下对应的 P 值分别为 0.275，0.051，0.062，0.103，可以认为在农村义务教育政策四个实施阶段上，农村劳动力人均受教育年限、农村居民家庭人均纯收入、农村经济总量和农林牧渔业总产值的总体方差不存在显著差异，满足方差齐性要求。

表 6-3　报告

时间段		ZX_1	ZX_2	ZX_3	ZX_4
基础	均值	−.8856896	−.7780987	−.8094030	−.8093576
改革	N	7	7	7	7
阶段	标准差	.31739803	.10140485	.12239814	.08468893

时间段		ZX_1	ZX_2	ZX_3	ZX_4
深入	均值	.0684698	−.3260310	−.2459467	−.2485153
改革	N	3	3	3	3
阶段	标准差	.48583419	.10930657	.11378913	.13821871
均衡	均值	.5808887	.5852005	.5951463	.5908929
协调	N	4	4	4	4
阶段	标准差	.32708687	.41578775	.42024610	.39435532
规划	均值	1.8354317	2.0419910	2.0115379	2.0237388
发展	N	2	2	2	2
阶段	标准差	.09995446	.35989374	.27861733	.30636021
总计	均值	0E−7	0E−7	0E−7	0E−7
	N	16	16	16	16
	标准差	1.00000000	1.00000000	1.00000000	1.00000000

表 6-4　方差齐性检验

	Levene 统计量	df1	df2	显著性
ZX_1	1.458	3	12	.275
ZX_2	3.459	3	12	.051
ZX_3	3.212	3	12	.062
ZX_4	2.572	3	12	.103

表 6-5 即为农村劳动力人均受教育年限等四个指标的单因素方差分析结果。农林牧渔业总产值的组间变异为 14.358,占总变异的 95.72%,而组内变异仅占 4.28%,检验统计量 F 为 89.509,显著性 P 值小于 0.001,表明农村义务教育政策对农林牧渔业总产值产生了显著影响。同理,农村义务教育政策的实施也对农村劳动力人均受教育年限、农村居民家庭人均纯收入和农村经济总量产生了不同程度的影响。比较来看,农村义务教育政策对农村居民家庭人均纯收入和农村经济总量的影响较为显著,而对农村劳动力人均受教育年限的影响程度最低,其组间

变异为 13.593,占总体变异的 90.62%,F 统计量仅为 38.630,说明农村劳动力人均受教育年限在政策实施四个阶段上的总体均值差异尚不明显。

表 6-5 ANOVA

		平方和	df	均方	F	显著性
ZX₁	组间	13.593	3	4.531	38.630	.000
	组内	1.407	12	.117		
	总数	15.000	15			
ZX₂	组间	14.266	3	4.755	77.771	.000
	组内	.734	12	.061		
	总数	15.000	15			
ZX₃	组间	14.277	3	4.759	78.961	.000
	组内	.723	12	.060		
	总数	15.000	15			
ZX₄	组间	14.358	3	4.786	89.509	.000
	组内	.642	12	.053		
	总数	15.000	15			

图 6-2 更直观地展现了农村义务教育政策实施的四个阶段上各变量的大小关系及其与相应分组变量之间的关系。具体来说,农村义务教育政策在基础改革阶段,农村劳动力人均受教育年限的均值为 7.33 年,在深入改革阶段,随着《中共重庆市委办公厅重庆市人民政府办公厅关于深化农村义务教育体制改革的实施意见》的贯彻落实,农村劳动力人均受教育年限提高到 7.6 年,上涨幅度为 3.68%;在均衡协调阶段,农村劳动力人均受教育年限只上升到 7.745 年,上升幅度仅为 1.91%,说明在这一阶段,农村义务教育政策的实施并没有给农村居民教育水平的提高带来实效,政策效应释放明显不足。而在规划发展阶段,农村劳动力人均受教育年限上升到 8.1 年,上升幅度最快,达到 4.58%,说明《重庆中长期教育改革和发展规划纲要》《重庆市教育事业"十二五"规划》等教育发展规划对农村居民基础素质的提高具有重要意义。相应地,农村居民家庭人均纯收入在四个阶段上的均值分别为 1929.3 元、2731.2 元、4347.6 元和 6931.8 元,增幅分别为 41.56%、59.18%

和 59.44％；农林牧渔业总产值在四个阶段上的均值分别为 4397782 万元、6167365 万元、8815885 万元和 13336833 万元，上涨幅度分别为 40.24％、42.94％和 51.28％，说明农村义务教育政策在四个水平上对农村居民家庭人均纯收入和农林牧渔业总产值的贡献较大，对其产生了较为显著的影响。农村经济总量在四个阶段上的均值分别为 642.94 亿元、1085.1 亿元、1745.1 亿元和 2856.6 亿元，增幅分别为 68.77％、60.82％和 63.69％，说明农村义务教育政策在四个水平上对农村经济总量的贡献最大，影响最为显著。

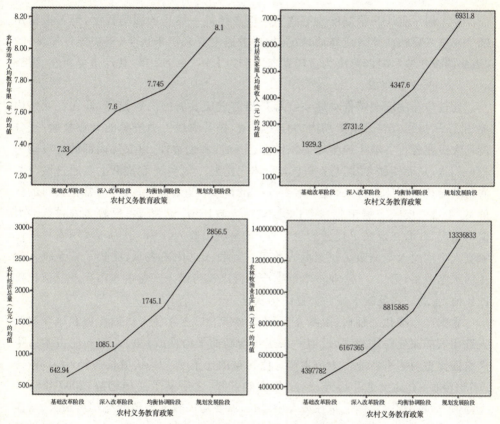

图 6-2　农村义务教育政策四个阶段各变量的均值图

四、基于具体政策的外生效应分析

根据前述外生效应的内涵辨析，重庆农村人力资源开发政策的外生效应是对政策对象之外的社会经济环境产生的影响，从当前重庆社会经济形势来看，主要体现为促进"四化"同步发展，即农业现代化、新型工业化、新型城镇化和城乡发展一体化的影响作用,其内涵丰富,涉及经济、资源、科技、环境等多方面。若将"四化"发展统一而论,虽对农村人力资源开发的外生效应反映较为全面,但指标设计囊括面广,数据整理复杂,且不适合单因素方差分析,因此鉴于计量统计的可操作性,结合重庆农村人力资源开发政策及其实用价值,文章拟选用户籍制度改革及其配套政策(以下简称户籍制度改革政策)对城乡统筹一体化的效应释放情况进行评价。

(一)描述统计

为了揭示重庆户籍制度改革政策对城乡统筹一体化的影响程度,笔者拟使用四个变量来反映政策效应释放情况,指标数据主要来源于历年《重庆统计年鉴》和《重庆调查年鉴》,时间跨度为重庆直辖以来的1997—2012年,其计量分析在SPSS statistics 20.0上完成。

通过户籍制度改革推动城乡统筹是当前重庆发展的内在趋势,即在二元结构体制之下,加强农村剩余劳动力的自由流动,提升农村人力资源的就业技能,充分调动农民在各行各业生产生活的积极性、主动性和创造性,以农民内部的建设动力辐射周边,从而使城乡建设逐步走向一体化发展。城乡统筹效果主要通过城市与农村的对比数据体现出来,这里主要选择如下四个变量:城镇人口占常住人口的比值,记为Y_1,反映了城镇化水平;城乡就业人数比值,记为Y_2,反映了农村劳动力流动情况,并潜在反映了社会的稳定性;城乡居民收入比值,记为Y_3,用农村居民家庭人均纯收入与城市居民家庭人均可支配收入之比来表示,反映了城乡收入和生活水平差距;第二、三产业占本市生产总值比重与第一产业占本市生产总值比重的比值,记为Y_4,反映了城乡产业结构状况。

数据经标准化处理后,由图6-3可知,城镇人口占常住人口的比值和城乡就业人数比值的演变轨迹趋同,近似一条逐步增高的平滑曲线;第二、三产业占本市生产总值比重与第一产业占本市生产总值比重的比值呈"W"状增长态势,从1997—2003年间一直处于上升趋势,2004年突然下降,之后又呈递增趋势,2007年再次下降,之后再上升,总体上是在波动中增长;城乡居民收入比值变化幅度最大,其演变轨迹呈明显的"V"状,以2006年为界,之前一直呈递减态势,2006年达到最低谷,之后在波动中上升,但从最初的1997年到最末的2012年数据基本持平。总体看来,城乡统筹一体化发展虽然总体趋好,但仍有阻滞力量在左右其水平的高低。

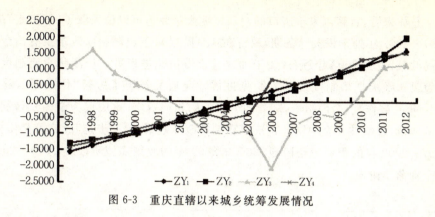

图 6-3　重庆直辖以来城乡统筹发展情况

(二)户籍制度改革政策的效应评价

户籍制度改革与城乡统筹发展是相辅相成的。一方面,户籍制度改革政策是城乡统筹一体化发展的必要前提,只有加大对人力资本投资,通过教育和培训促成农村人力资源的自由流动,才能缩小城乡差距,实现城乡统筹发展;另一方面,城乡统筹一体化发展是促成户籍制度改革的基本途径,在二元结构之下,城乡统筹要求资源、市场、社会等实现一体化发展,这些都将有利于户籍改革的顺利推行。总之,户籍制度改革政策的最终目的是实现城乡统筹,而城乡统筹发展又为户籍制度改革的顺利实施创造了条件。因此,笔者选取直辖以来重庆实施的户籍制度改革及其配套政策对统筹城乡一体化发展的影响来反映农村人力资源开发政策的外生效应。

重庆渐有成效的户籍制度改革始于 2003 年 7 月 29 日,重庆市颁布《关于加快我市城镇化进程进一步深化户籍制度改革的意见》,开始实行城乡户口一体化的"重庆市居民户口"登记制度,实质是在名义上取消了农业户口和非农户口的差别,这是重庆市户籍制度改革的开端。以 2010 年四个文件,即《重庆市统筹城乡户籍制度改革的意见》《重庆市统筹城乡户籍制度改革社会保障实施办法(试行)》《重庆市统筹城乡户籍制度改革农村居民转户实施办法(试行)》和《重庆市户籍制度改革农村土地退出与利用办法(试行)》的相继出台为标志,重庆市正式全面推动户籍制度改革。政策囊括了土地改革、就业制度、社会保障、住房问题、教育和医疗统统等配套措施,是我国触及面最广、影响最大、动土最深的一次户籍制度改革。2010 年 9 月为确保上述四个政策的顺利实施,重庆市发布《关于推进重庆市户籍制度改革有关问题的通知》,就户籍制度改革及其配套政策在推进过程中遇到的重要问题做了详细解答。2011 年 8 月又接着颁布了《重庆市户籍制度改革转户居民农村宅基地及其附属设施用地处置与用管理实施办法(试行)》,对转户后居民的土地等不动产资源做了相关规定,保护了转户居民的财产权益,进一步为户籍制度改革扫除障碍。

总体来看,直辖以来重庆市的户籍制度改革政策可以说采取了"三步走"战略。1997—2002 年处于积极筹备期,政府在这个阶段对于户籍制度改革没有出台实质性的政策,直到 2003 年颁布《关于加快我市城镇化进程进一步深化户籍制度改革的意见》,重庆户籍制度改革才初见进展。此后又经历了短暂"休眠期",终于在 2010 年一鼓作气、全面出击,随着四个文件的相继落实,重庆成为全国户籍制度改革的典范,影响波及全中国。重庆户籍制度改革政策的"三步走"战略可具体分为:1997—2002 年的积极筹备阶段、2003—2009 年的政策实施阶段和 2010—2012 年的全面落实阶段。

表 6-6　报告

时间段		ZY_1	ZY_2	ZY_3	ZY_4
积极	均值	−1.0673704	−.9970628	.6583962	−.9722513
筹备	N	6	6	6	6
阶段	标准差	.39199632	.26384181	.63984975	.33130033
政策	均值	.3401066	.2038026	−.9206776	.2242344
实施	N	7	7	7	7
阶段	标准差	.42280946	.42396539	.55427864	.62461457
全面	均值	1.3411587	1.5185862	.8314552	1.4212889
落实	N	3	3	3	3
阶段	标准差	.24246937	.44698536	.50060708	.11521779
总计	均值	0E−7	0E−7	0E−7	0E−7
	N	16	16	16	16
	标准差	1.00000000	1.00000000	1.00000000	1.00000000

　　同上,笔者运用方差分析方法,通过对三个阶段的数据解读,探讨重庆户籍制度改革政策是否对统筹城乡一体化发展产生了显著影响。首先,从表 6-6 可知,四个指标数据在三个阶段上的标准差相差不大,即方差可能是齐性的,可以应用标准化后的数据进行分析。

表 6-7　方差齐性检验

	Levene 统计量	df1	df2	显著性
ZY_1	.773	2	13	.482
ZY_2	.794	2	13	.473
ZY_3	.321	2	13	.731
ZY_4	13.261	2	13	.001

为进一步检验方差齐性，运用 Levene 法对户籍制度改革政策的积极筹备阶段、政策实施阶段和全面落实阶段三个水平上的各个观测变量进行方差齐性检验，其结果见表 6-7。城镇人口占常住人口的比值的检验统计量为 0.733，在当前自由度下的 P 值为 0.482；城乡就业人数比值的检验统计量为 0.794，在当前自由度下的 P 值为 0.473；城乡居民收入比值的检验统计量为 0.321，在当前自由度下的 P 值为 0.731。由此可以认为，户籍制度改革政策在三个阶段上，前述三个变量的总体方差不存在显著差异，满足方差齐性的要求。接下来对城镇人口占常住人口的比重、城乡就业人数比值、城乡居民收入比值进行单因素方差分析。

表 6-8　ANOVA

		平方和	df	均方	F	显著性
	组间	13.042	2	6.521	43.283	.000
ZY_1	组内	1.958	13	.151		
	总数	15.000	15			
	组间	13.174	2	6.587	46.891	.000
ZY_2	组内	1.826	13	.140		
	总数	15.000	15			
	组间	10.608	2	5.304	15.701	.000
ZY_3	组内	4.392	13	.338		
	总数	15.000	15			

从表 6-8 可知,城镇人口占常住人口比值的组间变异为 13.042,占总变异的 86.95％,而组间变异仅占 13.05,检验统计量 F 为 43.283,显著性 P 值小于 0.001,表明户籍制度改革政策对城镇化水平产生了显著影响。同理,户籍制度改革政策对城乡就业人数和城乡居民收入产生了不同程度的影响。比较来看,户籍制度改革政策对城乡就业人数的影响最为显著,表明户籍制度改革有力地促进了农村人力资源的自由流动,增加了农村剩余劳动力在城市的就业率,但是政策对城乡居民收入的影响最为薄弱,其组间变异仅为 10.608,占总体变异的 70.72％,F 统计量仅为 15.701,说明城乡居民收入比值在政策实施的四个阶段上的总体均值差异尚不明显。

图 6-4 为户籍制度改革政策实施的三个阶段上各变量的均值折线图。从图中可知,在户籍制度改革实施之前,即积极筹备阶段,城镇人口占常住人口的比值为 35.133％;2003 年随着重庆市《关于加快我市城镇化进程进一步深化户籍制度改革的意见》的颁布,户籍制度改革进入政策改革阶段,城镇人口占常住人口的比值快速上升到 46.734％,上升幅度为 33.05％,说明一体化的居民户口登记制度明显提高了城镇化水平;在户籍制度改革政策的全面落实阶段,城镇人口占常住人口的比值上升到 55％,其均值增长幅度为 17.66％,在这一阶段城镇人口数量首次超越农村人口数量,说明重庆户籍制度改革政策及其配套措施的全面贯彻和深入落实对城镇化水平的迅速提高具有显著影响。相应地,城乡就业人数比值在三个阶段上的均值分别为 0.461％,0.720％和 1.002％,增幅分别为 56.03％和 39.30％,说明户籍制度改革政策在三个水平上对城乡就业人数比值的贡献较大,对其产生了较为显著的影响。但是,从城乡居民收入比值的均值图来看,在户籍制度改革政策的积极筹备阶段,城乡居民收入比值的均值为 0.310％,而在政策实施阶段其均值下降到 0.274％,说明城乡居民收入比值的平均水平是持续下跌的,随后进入全面落实阶段,城乡居民收入比值逐渐回升,其均值达到 0.314％,相较于政策未实施阶段的积极筹备期,只提升了近 0.04 个百分点。由此可知,户籍制度改革政策并没有对城乡居民收入比值形成显著影响。一般来说,户籍制度改革可增强农村劳动力的自由流动,从而增加就业机会、提高农村居民收入水平,但是从上述三个阶段上的均值来看,户籍制度改革政策效应的释放没有达到其应有水平。

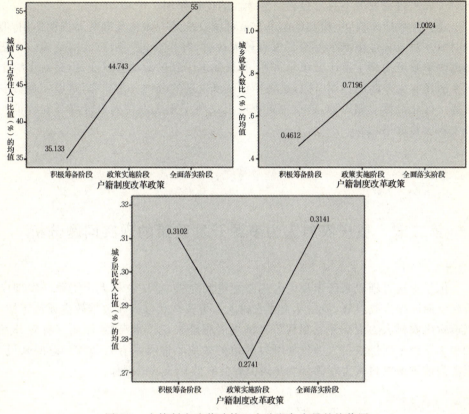

图 6-4　户籍制度改革政策三个阶段各变量的均值图

五、效应评价结论

基于农村人力资源开发政策框架的多元性和相关政策系列效应释放的方向性，本章运用方差分析方法，分别选取了农村义务教育政策和户籍制度改革政策对重庆农村人力资源开发政策的内生效应和外生效应进行了计量分析。总体说来，重庆相关政策的贯彻实施对农村人力资源开发具有直接的促进作用。农村人力资源开发政策不仅对农民发展及农村区域经济增长具有明显的内部影响效应，并且其辐射效应涉及社会经济等其他领域和地区。通过上述政策效应研究表明，计量分析结果和理论结果大体一致，可得到以下结论：

从内生效应来看，农村义务教育政策对"三农"发展产生了显著影响，呈正相关关系，但在时间区间上存在较大波动。农村义务教育政策提高了农民收入水平，并且促进了农业和农村经济的增产增值，但对于农村劳动力人均受教育年限在时间序列上的影响效果并不显著。这在一定程度上反映了现行的农村人力资源开发政策对于农民自身发展不具有显著的连续性的促进作用。

从外生效应来看,户籍制度改革政策对城乡统筹一体化具有明显推动作用,但同时城乡收入和生活水平差距仍没有较大改善,甚至有进一步拉大的危险。户籍制度改革政策提高了重庆城镇化水平,并且促进了农村劳动力就业,但是对于缩小城乡居民收入差距的作用有限,这将导致城乡发展的继续分割状态,难以实现城乡统筹一体化目标。相应地,这在一定程度上反映了重庆农村人力资源开发政策的外生效应释放不均衡。

第二节　重庆农村人力资源开发政策的现实问题分析

由于重庆直辖以来历年政策的逐步推进和完善,重庆农村人力资源开发理应得到全面的跟进和发展,但是从上述农村人力资源现状分析和政策效应评价可知,当前重庆农村人力资源开发相较于经济发展程度来说严重滞后,制约其有效开发的根本原因是促进农村人力资源开发政策的效应不能得到有效释放。总的来说,阻滞当前重庆农村人力资源开发政策的效应有效释放的原因如下。

一、政策动力不足,主体机制不协调

主体联动机制的缺失,是导致农村人力资源开发政策动力不足的关键所在。农村人力资源开发是一项复杂的社会系统工程,需要政府、农村内部及市场等开发主体形成统筹协调、共同促进的联动机制。如人力资源配置的劳动力市场运作机制、政府主导机制、激励约束机制、风险管理机制以及人才培养机制等的联合协调作用。但是,重庆农村人力资源开发机制尚不健全,且机制模块之间不能形成有机整体,还处于自发性、零散性、落后性和低层次的开发阶段,存在着人才流通渠道不畅、人才资源结构配置不合理、政府调控欠缺、人才使用与培训脱节等问题,导致人才资源使用效率不高、流失严重。

(一)政府主导职能缺失

政府是农村人力资源开发的宏观主体[1],在政策制定和执行过程中起主导作用。

---

①曹明贵.政府是贫困地区农村人力资源开发的宏观主体[J].现代商业,2010(18):102—104.

政府主体职能的缺失是重庆农村人力资源开发政策不能有效释放的首要原因。

一是总体规划不当。由于在理论和思想上尚未对农村人力资源开发形成足够重视，极易造成政府在制定发展规划时只注重物质基础上的经济绩效或城镇资源效益，而疏于对农村人力资源开发的合理定位，致使政府相关部门和人员不能对农村人力资源开发政策进行科学合理的制定，甚至在执行层面以形式代之以实质，从而导致政策上的缺陷。

二是政府行为缺失。政府在农村人力资源开发政策方面的行为缺失主要体现在经济行为问题、政策行为问题和行政行为问题上。首先，在经济行为上，政府对重庆农村人力资源开发的财政投入力度不足。政府在农村公共服务体系的投入方面，如教育、医疗卫生、社会保障等的财政拨付是政府的应有之责，但是由于财政体制或经济发展落后等原因，对农村人力资源开发的财政性投入减弱。其次，在政策行为上，其问题主要体现在政策制定滞后及其权威性不高。虽然重庆农村人力资源开发各项政策在一定程度上促进了农村人力资源的综合素质提高、流动性增强、就业率增加，对农村经济发展和社会稳定发挥了重要作用，但是农村人力资源整体素质还有待提高。农村基础教育、职业教育、医疗卫生等状况堪忧，这与重庆加快农村人力资源开发的形势相背离，从而阻碍了重庆城乡统筹和城镇化建设。究其实质性原因一方面在于政府制定农村人力资源开发政策及其配套措施的滞后性。重庆长期以来贯彻国家二元结构发展体制，城乡差距不断拉大。尽管重庆早在2003年颁布了《关于加快我市城镇化进程进一步深化户籍制度改革的意见》，实行城乡户口一体化的"重庆市居民户口"登记制度，但是城乡分级投资与管理依然是农村人力资源开发的首要桎梏，其立法与政策制定尚不能适应经济总体发展和城乡统筹一体化。另一方面，政府的政策制定是否符合当前重庆的经济形势及各地区的农村特点还需要进一步印证。事实证明，现行政策法规在整体推进过程中权威性不足，农民参与的积极性和政策针对性亦不够强。如2010年重庆户籍制度改革，政策及其配套措施虽具全面性和深入性，但是在实施过程中农民主动参与的积极性与政策要求还有相当大的距离。最后，行政行为上，政府对农村人力资源开发缺乏完整的政策组织体系。政府在农村基础教育、职业教育、医疗卫生体系等方面的管理制度不完善，政策对以上各模块的规划和链接没有统一安排，致使其管理缺乏有机的协调和配合。

(二)农村内部职能薄弱

内生机制是农村人力资源开发的直接动力，对农村人力资源开发政策的制定和实施具有直接影响作用。这种内生机制主要通过农村的自发力量，包括农民、农村组织及乡镇企业等的发展来带动农村人力资源开发。当前农村劳动力综合素质不高，农村合作社及乡镇企业等组织发展不协调，是导致农村内部职能薄弱的重要原因。

农民是人力资源开发的主体,同时也是农村人力资源开发政策的直接客体,农村人力资本的形成和运用是农村人力资源开发及其政策的内在要求。农村人力资本的形成实质上是农村劳动力综合素质提高的过程,主要体现在农民智力因素和体力因素两个方面,其形成的基本条件包括基础教育、职业教育、医疗卫生、人才队伍建设等。就目前来看,重庆市农村劳动力受教育程度总体水平低。根据《重庆调查年鉴》数据显示,重庆农村劳动力人均受教育年限虽有逐年上升的趋势,但是截至 2012 年仅达到 8.12 年,即仍处在九年义务教育水平之内。从比较数据来看,根据《中国农村统计年鉴》,2012 年平均每百个劳动力中,文盲、小学、初中、高中、中专、大专及以上程度的农村劳动力人口数量,全国分别为 5.3 人、26.1 人、53.3 人、10.0 人、2.7 人和 2.9 人,而重庆分别为 4.3 人、30.9 人、52.1 人、8.7 人、2.1 人和 1.9人,可知重庆文盲人口数在不断减少,但是受教育程度几乎都聚集在小学和初中,高中及其以上学历的重庆农村劳动力与全国相比存在较大差异。另一方面,重庆市农民职业技能水平不合理。"中国农村劳动力的 95% 以上仍属于体力型和传统经验型农民"[1],侧面说明重庆的农村教育和技能培训在规模上和质量上还远远不足,造成农村劳动力整体素质和工作技能不能适应经济发展水平。同时,重庆农村劳动力身体素质偏低,从消费水平来看,2014 年 1—3 季度城镇居民医疗保健支出为 890 元,农村居民为 498 元,在一定程度上说明城乡医疗卫生水平有较大差距。而在此期间,重庆医疗卫生支出仅占公共财政预算支出的 7.39%,这意味着重庆居民医疗卫生保健费用支出比例较大,这对于需要承担大部分或者全部费用的农村居民来说,无疑降低了农村居民的生活水平和健康水平,削弱了农村人力资源开发的质量。

农村人力资本的运用包括农村劳动力进行就近就业、迁移就业、自主创业等,农民自身能力有限,要实现农村劳动力充分就业,必然要求农村专业合作组织或乡镇企业的联合带动作用。但是"农民专业合作社等农村组织发展水平不高、内部治理不完善、产业化经营程度低,且信息服务和金融支持力度不足"[2],导致农村人力资本的运用不到位,不利于农村人力资源开发及其政策的贯彻执行。

(三)市场配置职能疲软

劳动力市场是农村人力资源开发、流动、配置和利用的市场,也是进行有效配置的手段。[3] 同时,劳动力配置市场作为农村人力资源开发的承载主体,对农村人

---

①人民网.95%农村劳力属体力型 农民教育培训力度将加大[EB/OL].http://www.cqlabour.gov.cn/Details.aspx? ci=125&psi=8&topicId=179958,2006−11−6.

②张美珍.农民专业合作社人力资源开发研究[D].陕西:西北农林科技大学,2010.

③王文峰.河南省农村人力资源开发研究[D].北京:北京林业大学,2013.

力资源开发政策的制定和实施具有重要影响作用。但是重庆当前形势下,城乡劳动力市场分割、组织化程度低、劳动力分布不平衡等导致市场配置职能疲软。政府或人才交流中心虽对农村劳动力具备了直接的政策指导作用,但是仍出现了其劳务市场远离劳动力转移所在地、政府监管不力等现象。另外市场实现劳动力有效配置的关键因素在于信息网络体系的建立,但是农村人力资源开发政策大多只具备方向性的指导性,对于具体的信息发布内容和渠道则不适应于当前农村劳动力特点。特别是在农村,大部分存在信息量少、传播手段落后、传播速度慢、信息传播失真等特点,即使在信息化时代的今天,农民就业还主要靠亲戚介绍或邻里带动就业。如此带来的不利影响,则率先体现在了农村劳动力配置不均衡上,包括产业分布不平衡、区域分布差异大、流动方向单一等,致使大量农村剩余劳动力积压在第一产业上,不利于农业现代和产业结构优化;农村劳动力大多聚集在山区或经济相对落后的地区;对城市单向溢出严重,农村居民通过升学、进城务工等方式大量流入城市,使农村"空心化"现象频增,农村人力资源的外泄更加剧了农村经济的恶化。

二、政策环境局限,制度体系不规范

重庆农村人力资源开发政策的环境局限主要体现为制度体系的不规范,在宏观条件下,政策的有效释放势必要求制度先行。自 2010 年以来,重庆农村人力资源开发政策形成了一整套举措,但是仍然受到多方面制度因素的制约。

(一)社保制度不完善

国家支持建立的社会保障制度是农村居民享受国家福利、保障基本生活不可或缺的资源,同时也是农村人力资源开发政策的重要组成部分。但是社会保障长期以来偏重于城市而薄于农村,导致农村社会保障制度落后。近年来,重庆市在医疗保险、失业保险、养老保险等方面进行改革,并逐步实现在农村范围内的覆盖,但是仍存在诸多问题。一是对于确定最低生活保障人群的标准及其办理程序缺乏制度性规范,在贫困农民的教育医疗等问题上还没有形成专项救助体系,因此难以保障低收入人群的基本生活。二是社会保障覆盖面小,水平低。一方面,农民工社会保障权益是当前亟待解决的问题,农民工工伤难治、大病难医、工资难求等成为农村人力资源转移开发中的严重阻滞力量;另一方面,在农村地区社会保障制度有看好趋势,但是"投资不足、资源缺乏、服务缺位、成本过高"①等问题依然存在。如重庆从 2003 年开始试点实行新型农村合作医疗制度,但仍属于最低医疗保障范畴,对卫生医疗机构的选择也具有层级性担负特征,易诱发小病大养等状况。另外,诸如失业保险、生育保险等社会保障项目则几乎没有或很少。这些矛盾在一定程度上减弱了相应政策的执行力。

(二)户籍制度二元化

虽然计划经济时期采取的二元户籍制度给中国社会带来了实质性飞跃,但在当前社会主义市场经济体制下弊端凸显。城市和农村户口实行二元化管理,导致农村人口迁移不自由以及社会经济权利不平等,如城乡居民医疗住房福利不均、农民进城就业受歧视、农民工城市定居难、子女教育不公平、社会资源向城市倾斜等。这种差异化治理方式不利于重庆农村人力资源的开发,其政策的制定一方面要顾及长期以来的社会经济历史条件,另一方面要突破固化的藩篱,必然要求深入政治、经济、文化等各方面,实行全方位改革,这是当前农村人力资源开发政策面临的主要难点。

(三)土地制度不规范

农村土地制度不规范是农村人力资源开发政策的重要阻滞因素。我国以 2002 年 8 月颁布的《中华人民共和国农村土地承包法》为标志,正式实施具有长期稳定关系的农村土地承包经营制度,但是随着现代化农业的兴起,农业产业化和科技化生产使劳动生产率大幅度提高,大量剩余劳动力滞留在农村。重庆现行土地制度在政治与地理环境下具有以下缺陷:首先,重庆是典型的山区农村,土地资源贫乏而人口众多,不能实行规模化经营,农业产业化率低下;其次,在传统模式影响下,农民禁锢在土地上,以地为生,转移就业动力不足,农村劳动力资源市场配置能力弱化;最后,土地流转问题严重,长期以来的家庭联产承包责任制暗生诟病,在流转过程中易出现土地产权争议、主体缺位、违规改变土地用途、政府干预过多、流转程序不规范等问题,导致农村人力资源限制在土地上、剩余劳动力禁锢于第一产业,不利于农业产业化和专业化、产业结构优化以及农村人力资源的转移性开发,更使农村人力资源开发政策激励疲软,难以实施。

---

①滕玉成等.基于城乡一体化的农村人力资源发展研究[M].济南:山东大学出版社,2010.

三、政策反馈滞后，农民素质不合理

农村人力资源开发政策的科学制定与有效实施是一个政策主体与客体双向互动的过程，即在政策制定与实施过程中政府或相关部门要尊重农民意愿、合乎农民现状，并能够根据政策实施对象——农村人力资源的反馈情况适时做出调整和改进。但是在当前农村经济力量薄弱、农村教育与职业培训欠缺的形势下，农村人力资源整体素质偏低，对自身政策利益的表达不足，难以形成政策反馈双向渠道。

农村人力资源整体素质低下主要表现在农民素质不合理上。在受教育程度方面，重庆市农民人均受教育平均年限呈逐年增高的趋势，但是截至 2012 年其总体水平仍临近于初中毕业。城乡教育差距明显，城市教育在规模和质量上都远胜于农村，使得农村居民的文化素质低于城镇居民。相较之下，农村人力资源则更难开拓新的发展空间。在职业技能培训方面，重庆农村劳动力基本上属于体力劳动者和经验型工作者，大部分接受过正式的专业技能培训。在现代化、科学化的生产条件下尚不能具备初级专业技术要求，与社会主义新农村建设所需要的"有文化、懂科技、会经营"的新型农民相背离。在身体素质方面，由于农村劳动力的超负荷工作量、营养不足、医疗卫生保健欠缺等原因，农村居民的健康结果指标落后于城镇居民水平。总之，重庆农村人力资源整体素质无论在文化教育、技能素质，还是在身体素质方面都处于相对较低的水平，导致农村人力资源对于相关政策认识不足，更在自身利益诉求上"漠不关心"或在诉求渠道上"迷路"，这无疑降低了农村人力资源开发政策的反馈效果以及政策制定和实施的科学性、有效性。

四、政策资源匮乏，经济发展不到位

资源是地方经济发展的充分条件，以经济发展为基础的资本投资是农村人力资源开发的必要之举。但是由于重庆农村经济发展不协调，导致农村发展资源匮乏、资本存量少和投资效益低下。资源匮乏和资本约束是目前制约重庆农村人力资源开发的主要因素，也是农村人力资源开发政策难以贯彻执行的重要阻滞力量。

重庆农村经济发展不到位，无疑是农村人力资源开发政策资源匮乏、人力资本投资效益不佳的首要原因。一是在城乡二元结构体制下，社会经济资源大量涌向城市，由于资源的集聚效应，显然实现了城市经济的一方富足，同时也加剧了农村经济的一方贫穷。近年来政策资源有向农村延伸的趋势，但是在乡村自然地理环境和社会制度安排之下，农村经济发展仍举步维艰，农村经济主要依靠土地资源自

给自足,因此农民更高层次发展所需要的社会经济资源则相对缺乏。二是人力资本投资数量和效益是促进农村人力资源开发及其政策有效实施的关键因素。农村人力资本是农民、政府和社会共同作用投资的结果,因此资本投资水平在相当程度上取决于经济发展水平。一方面,重庆农村经济发展大部分是依靠农业经济增长,但是重庆农业主要依靠的是粗放式生产,这不仅阻碍了农业农村经济的健康持续稳定发展,也降低了对高素质技能型人才的需求,减少了对专业化、高科技人才的投资和培养。另一方面,重庆农村经济落后,导致农村资本总存量少,对农村人力资本投资也会相对不足,在重庆农村人力资源总量大、素质低的基本结构之下,有限的农村人力资本投资无论在数量上,还是质量上都无法促成农村人力资源的进一步开发。

第三节　重庆农村人力资源开发政策现存问题的成因分析

重庆农村人力资源开发政策存在的现实问题,既有制度环境与资源制约的客观因素,又有主体机制不健全、政府与农民的认知观念滞后、政策系统功能难以发挥的缺陷等现实原因。

一、制度环境与资源制约造成效益失真

政策制定与执行的好坏离不开内在的各种要素和现实的客观条件及其相互作用。其中,制度环境是重庆农村人力资源开发政策制定与执行的外部条件,资源是重庆农村人力资源开发政策制定与执行的现实基础。制度环境是否开放有序、政策资源能否充分投入和供给直接影响到重庆农村人力资源开发政策的效益。

影响重庆农村人力资源开发政策效益的制度环境主要是政治制度与经济制度,由于缺乏有效的均衡的制度安排,导致市场功能难以发挥,农村人力资源开发政策不能步入良性的创新发展路径。一方面,政治制度环境的安定是政策顺利推行的基本条件。重庆市安定和谐的政治社会环境既保证了经济持续稳定发展,也有助于重庆市各级地方政府顺利推行各项政策。但是城乡二元分割制度钳制了重庆农村人力资源开发政策的有效实施,尤其是二元户籍制度限制了农村劳动力的自由流动和发展,落户城镇问题仍然困难重重。虽然政府出台了多项放宽农民落

户城镇条件的政策,但是基本以购买商品房或者具有合法稳定住所为前提。而在现行以商品房为主、保障性住房不足的住房制度安排下,农民工普遍缺乏购买商品房的能力,难以享受到落户政策,从而形成农村劳动力大量转移而又难以落户的现象。另一方面,经济基础决定上层建筑。一个地方的经济发展水平是政策制定与执行的物质前提,经济状况不仅影响地方政府政策制定的基本倾向,而且也影响政策执行的效益。重庆市良好的经济制度环境为重庆农村人力资源开发政策制定与执行提供了有利的条件。但是由于重庆市长期以来凸显城市作用并着力于城市经济建设,农村经济发展严重滞后且持续性不强,在重庆农村人力资源开发政策推进过程中财力缺乏、物质基础薄弱,造成基层地方政府政策执行动力不足、效益低下。

二、主体间利益博弈导致协调机制失衡

美国公共政策学者巴得什(E.Bardach)用"博弈"理论来分析政策过程,他认为在政策过程中各相关参与者就政策目标进行博弈,每一个参与者都遵循力求得到最大效益。[1]

重庆农村人力资源开发政策的制定与执行主体(重庆市各级地方政府)和参与主体(农民、农村组织、市场等)之间通常存在着利益矛盾和利益冲突。从重庆市地方政府的角度来看,其制定政策的意图在于通过对社会利益结构的确立与调整来解决重庆区域全局性的农村人力资源开发问题,促使农村经济乃至全市社会经济健康发展,因而政策的实施有利于社会的整体利益。但是政策的有益性并不一定存在于社会的每一个构成部分,政策过程的各个参与主体代表着自身的局部利益,因此在重庆农村人力资源开发政策制定与执行之间便存在着这样一个利益过滤机制:在理论上,地方政府应当注重扶持农村发展,将城乡发展纳入一体化的统筹安排,进一步促进农村人力资源开发,但是地方政府在执行相关政策时往往以自己的利益作为对策参数,并试图在政策的具体化和操作化过程中附加、增添超越政策要求的政策措施而出现政策附加,或者选择性执行或者政策缺损,这种政策变通将直接损害农民利益,阻碍农村人力资源开发,甚至影响农村社会经济的可持续发展,从而损害了农民发展的自主性,政府与农民发展之间的互动性减弱。同时,在农村人力资源开发政策制定与实施过程中,需要政府、农民与市场共同作用、协调促进。但是在贯彻重庆农村人力资源开发政策过程中却呈现出强政府、弱市场的局面,使地方政府与市场互动性不强、公平与效率存在失衡,主要体现在政府主导作用强

---

[1]陈振明.公共政策分析[M].北京:中国人民大学出版社,2002.

化,农村人力资源开发成本较高、持续动力不足,通过市场实现人口流动、要素集聚、产业升级、农村内部结构调整等功能弱化。

三、认知缺陷与认同障碍引发目标失控

政策执行的首要环节是对政策内容的正确认知。作为政策执行主体的地方政府官员只有对政策的内容和精神实质有了正确的认知,才能准确理解政策制定者的意图,才会有符合政策目标的行动。但在现实的农村人力资源开发政策执行活动中,许多政策之所以执行效果不佳乃至背离了既定的政策目标,其中一个重要原因就是地方政府官员对所执行的政策存在认知缺陷。地方政府官员认知结构中现存的概念系统决定了他们的认知活动具有方向性和选择性,并且指出对政策信息具有自主性理解,这种自主性理解通过构建性认知和扭曲性认知使政策信息在认知过程中发生变异。只有正确的政策认知才能进一步促进政策认同,政策执行主体的认同是目标群体认同的前提,政策目标群体认同是政策执行成功的关键因素。由于政策认知缺陷以及主观性影响,地方政府易出现政策认同障碍,就农村人力资源开发政策而言,认同障碍是地方政府对该项政策所持的一种消极的主观评价和行为意向。实质上,地方官员的知识水平以及政治素养决定着他们对政策的认识水平,对政策的认知和认同程度又直接决定了他们的政策执行水平。由于对农村人力资源开发政策缺乏正确的认知和认同,且政策执行与效果之间存在较长时滞,地方政府及其官员在利益驱动下,特别是在以经济政绩为重要考核指标的条件中易遭遇"柔性"处理对待,使政策目标偏离轨道。

四、政策系统管理体制与控制机制失灵

现阶段地方政府管理体制存在缺陷,农村人力资源开发政策的制定与执行控制机制缺位,给地方政府政策规避留下了空间。政府组织是政府政策行为的载体,其管理体制从根本上决定了政府组织结构,但目前重庆市各级地方政府管理体制还存在缺陷。权力配置不合理且管理行为失当,农村人力资源开发政策的实施是越到基层越具体,并且基层政府承担着农民发展的直接任务,但是市级政府下放到乡镇政府的权力缺乏规范化,导致了放权的不确定性、不稳定性和随意性,不利于基层政府政策的具体落实;部门之间职能不清、责任不明,导致各职能部门之间出现利益之争,而使政策协调机制难以平衡,政策实施难度增加;地方干部管理体制

不科学,大多干部岗位目标管理责任是围绕数量化指标和任务展开的,这种压力型干部管理制度极易导致地方政府欺上瞒下、弄虚作假,进而导致政策执行流于形式。这些管理体制弊端对农村人力资源开发政策的有效实施埋下了隐患。

另外,在重庆农村人力资源开发政策执行过程中,没有形成统一的、严格的、科学的监督机制、评估机制和责任机制,这是造成农村人力资源开发政策执行不力的直接原因。地方各级监督机构缺乏应有的独立地位,对作为政策执行者的同级党政机构的监督不可避免地出现"弱监""虚监"甚至"禁监"的情况。[①] 同时,政策评估是检验政策制定与执行效果的重要环节,是监督政策执行的重要手段,但是评价指标和评价标准方面缺乏客观性和科学性,评价主体单一,导致政策评价结果无实用价值,易引起农村人力资源开发政策的实施效果发生偏差。

小结

通过运用方差分析方法,对重庆农村人力资源开发既有政策进行效应评价,发现政策效应释放不足,是农村人力资源开发滞后的根本原因。其现实问题包括主体机制不协调、制度体系不规范、农民素质不合理、经济发展不到位等。导致农村人力资源开发政策出现问题的成因既有制度环境与资源制约的客观因素,又有主体机制不健全、政府与农民的认知观念滞后、政策系统功能难以发挥的缺陷等现实原因。因此,对农村人力资源开发政策进行创新成为必然趋势。

---

①丁煌.政策执行阻滞机制及其防治对策——一项基于行为和制度的分析[M].北京:人民出版社,2002.

第七章　重庆农村人力资源开发政策创新的影响因子分析

　　农村人力资源开发政策创新实质上是囊括了政治、经济、社会等各方面因素的复杂系统,它是一个集制度环境、经济发展、主体机制、农民本身及其政策系统等各项机理相互运作的动态发展过程。其活动方式并非皆表现为抽象式历史演进,政策创新的进展亦可表现为具体性量化特征,以数据方式呈现农村人力资源开发政策创新的历程,并解之以实证分析,既能明晰各项因子对重庆农村人力资源开发政策创新的效用价值,又可促成对政策创新中相关制约因素的甄别,更关键之处在于为重庆农村人力资源开发政策创新提供重要依据。因此,从经济学计量分析方法入手,运用统计软件建立实证分析模型,是本章的主要研究内容。

第一节　重庆农村人力资源开发政策创新影响因子的选取与确定

　　农村人力资源开发政策创新是多维度因子相互制约、共同作用的结果,其指标结构具有多重性,因子链条纷繁复杂。因此,制定一套合理的指标设计基本原则,是构建重庆农村人力资源政策创新指标体系的前提,也是进行相应的数据处理和实证分析的必要准备。

一、政策创新影响因子的指标体系构建原则

　　综观重庆农村人力资源开发政策创新的影响因子体系构建,主要在于以下两点的识别:一是以重庆农村人力资源开发作为研究主体,须遵循相应的基本理论规定,以农村人力资源开发规律为前提,并兼之以实际问题与现实导向为依据;二是以重庆农村人力资源开发政策创新作为研究目的,意在现有政策效应释放不足的状态下,对发展环境及其影响系统加以明晰,从而实现政策路径上的突破和创新。与此同时,重庆农村人力资源开发政策创新影响因子的指标体系构建应遵循以下原则:

(一)目标导向原则

指标设计必须符合统计研究的需要,结构体系要具有层次性和针对性。构建指标体系应当与农村人力资源开发政策创新紧密联系,围绕农村人力资源开发的重点,探索影响其政策创新的关键因素,找准政策创新的制约因子与激励因子。首先,构建影响因子指标体系必须以重庆农村人力资源开发政策创新为目标导向,以此为前提而产生,并以此为目的而变化;其次,影响因子指标体系能够对农村人力资源开发政策创新的影响因素进行系统的计量分析和评价,保证两者之间的相关性。

(二)综合性原则

指标体系的构建应全面地反映重庆农村人力资源开发政策创新数量化的现象和概念,要做到从全局出发,根据相关理论依据及其发展规律,截取特定环境中的现实作用和表征,对量化指标进行完整性的划分和关键性的覆盖,从而使各项指标能够在计量分析中各表其征、统筹兼顾、系统优化,并做到相互协调和配合,形成有机的检验整体。

(三)科学性原则

对农村人力资源进行有效开发和利用,是实现农村经济发展和社会和谐的必然之路,而实现政策创新是重庆农村人力资源开发的基础和保障。因此在选择指标时,既要考虑到农村人力资源开发的形势背景,又要兼顾政策创新的影响因素;既要厘清两者之间不同的内涵与外延,又要合理利用现实数据进行科学的测量和分析。从而达到以现实之基,引未来之势。

(四)可行性原则

为了使实证分析更具有效性,必须遵循实用性、可操作性原则。从指标数据获取角度来说,对于重庆农村人力资源开发政策创新中涉及的内涵与本质特征,从理论上更具解释意义而又无法取量于现实的因子,应设法找出替代变量,尽量使用数据获取更简易、方便、可靠的渠道;从统计方法上来说,评价指标要去繁从简,体系架构要简练清晰,在保证指标体系客观而全面的基础上,使用更为简便易行的数据测量和统计方法。

二、影响因子的指标体系选取

结合重庆农村人力资源开发政策创新的理论探讨及其数据的可获得性,在兼顾上述指标体系构建原则的基础上,本书拟将制度环境、经济发展、主体机制、农民发展与政策系统 5 个层面共 15 个指标作为重庆农村人力资源开发政策创新的影响因子并进行计量化分析(见表 7-1),具体指标解释如下:

表 7-1　重庆农村人力资源开发政策创新影响因子的指标体系含义

系统因子	变量	指标含义
制度环境	X_1	城镇化率
	X_2	结构偏离度
	X_3	二元结构系数
经济发展	X_4	农村经济总量
	X_5	城乡居民收入差距
	X_6	第一产值占 GDP 比重
主体机制	X_7	政府财政支出占 GDP 比重
	X_8	乡镇企业总产值
	X_9	工资性收入比重
农民发展	X_{10}	农民人均受教育年限
	X_{11}	农村居民人均人力资本支出
	X_{12}	农村劳动力转移
政策系统	X_{13}	科教文卫事业占地方财政支出比率
	X_{14}	农村固定资产投资
	X_{15}	乡镇政府个数

(一)制度环境

实现城乡统筹发展、创建人才自由流动体制是当前重庆发展的当务之急,也是农村人力资源开发政策创新的动力源泉。我国长期以来实行二元经济体制,农村与城镇呈两极化发展态势,在此背景之下,重庆作为全国统筹城乡综合配套改革试验区,经过多年来的励精图治,各项制度逐步深入改革,农村人力资源开发的制度环境已趋于改善。根据数据资料的易获得性,拟使用以下三个指标作为制度环境的表征变量:

1.城镇化率 X_1:是一个国家或地区城市化水平的重要标志,用非农业人口占总人口的百分比来表示。城镇化率很大部分取决于户籍制度与农村土地制度的改革,并对其具有反作用。

2.结构偏离度 X_2:用非农产业生产总值的产业构成百分比与非农产业就业的产业构成百分比来表示。从经济发展的长期历程来看,就业结构与产业结构两者之间的变化与演进具有一致性。但由于户籍制度改革的不彻底与结业政策的不到位,劳动力的自由流动性会随之减弱,在相应的短期效应内会产生就业结构与产业结构不同步的现象,一般表现为就业结构的发展变化滞后于产业结构。

3.二元结构系数 X_3:用城市非农产业比较劳动生产率与农业比较劳动生产率来表示。"二元结构系数在国际上通常用来表征发展中国家城乡二元经济结构的强度,一般而言,二元结构系数会经历一个先扩大后缩小的过程。"[①]二元经济结构在我国主要表现为城镇现代化产业迅速发展,而以小农经济为主导的农村则发展缓慢,要解决这一主要矛盾的根本出路是以制度化改革为先导,加快步伐走农业现代化道路,逐步转移农村剩余劳动力,使农村农业与城市非农产业生产率达到协调状态,从而促成经济发展的日趋持平。

(二)经济发展

农村人力资源开发政策创新程度有赖于经济发展的物质供给能力,同时,人力资源是经济发展的不竭动力,有效的农村人力资源开发又可促成农村经济乃至全域社会经济的快速发展。基于此,从经济发展角度来看,具体确定如下三个量化指标:

1.农村经济总量 X_4:用农村第一、第二与第三产业的经济总量之和来表示。农村人力资源是农村经济发展的主力军,对重庆农村人力资源进行有效开发和利用,可以解放农村生产力,理顺农村生产关系,使经济效益得到进一步提高。一方面为刺激政策层面的突破与创新提供物质基础,另一方面也为重庆经济增长释放活力。

2.城乡居民收入差距 X_5:用城市居民家庭人均可支配收入与农村居民家庭人均纯收入的差值来表示。由于城镇集聚性生产效应的牵引,城乡间的劳动收入存在不平等性,人力资源的自由流动更为这种效应增加了递增收益,城乡居民收入差

①欧阳敏.重庆市农村劳动力转移对城乡收入差距的影响分析[D].重庆:重庆工商大学, 2011.

距逐步扩大,但当农村富余劳动力转移达到一定程度,城乡劳动生产率趋于平衡,城乡居民收入差距就会逐渐缩小。

3.第一产值占 GDP 比重 X_6：农村经济主要以第一产业发展为主,这一指标不仅反映了农业发展态势及农村居民的收入现状,也在一定程度上表征了农村劳动力对重庆经济发展的贡献。

(三)主体机制

政策的有效制定与实施需要依托健全的机制设计,农村人力资源开发的主体机制设计是保证政策产生联动效应并能够激发其创新的力量集合。要实现重庆农村人力资源开发政策创新,靠公共部门的一枝独秀难以打破制度僵局,因此还须借助长久之力,求得"引长江之滨,灌芙蕖之水",形成"抱沙成团"的态势。本书将主体联动释义为"政府主导、农村自助、多元投资"的三位一体机制,并拟选取以下三个变量指标：

1.政府财政支出占 GDP 比重 X_7：政府在农村人力资源开发政策创新中发挥主导作用,这是由我国的政策制定原则与农村经济条件所决定的。在二元经济体制之下,政府政绩主要体现在 GDP 增长速度较快的城市发展之上,因而在农村的财政支出上相对较弱,但随着农村改革的不断深入,且中央一号文件连续多年以农村经济发展为主线,使得地方政府在农村地区的财政投入逐年增加,政府财政支出很大程度上促成了农村经济的发展,激活了重庆农村人力资源开发政策创新的主导力量。

2.乡镇企业总产值 X_8：乡镇企业作为内源发展机制的组织形式之一,也是农村人力资源开发政策创新的原发动力之一。乡镇企业掌握了农村产业发展的先进技术,可以根据市场需要进行人才培训,培养了大批技术型人才和管理型人才,为农村人力资源开发创建了平台,与此同时,亟待发展的乡镇企业根据自身内在需要又呼吁着农村人力资源开发政策的进一步创新。另外,农民组织、农业专业协会等作为内源发展机制的重要因子,在理论上具有较高的阐释意义,但由于数据资料不易查找,只能将乡镇企业作为代表性变量加以分析。

3.工资性收入比重 X_9：用工资性收入与农村居民纯收入的比重来表示,表征劳动力市场一体化的程度。近年来,随着网络化劳动力市场的逐步确立,农村人力资源自由流动能力增强,工资性收入比例正在稳步上升过程中。建立农村人才市场,实现农村人力资源的合理流动,发挥市场在人才要素中的基础性配置作用,必然要求突破旧有体制格局,创新农村人力资源开发政策体制机制。

（四）农民发展

农民发展作为农村人力资源开发政策创新的首要目的，其发展程度主要取决于教育、人力资本投资、医疗卫生、社会保障、劳动力转移等多方面的综合改革。考虑到指标体系划分的简练性和数据搜集的可行性，农民发展层面的因子拟选择以下三个代表性指标：

1.农民人均受教育年限 X_{10}：农村人力资源开发质量最主要是通过智能素质表现出来，而智能素质关键取决于受教育程度。

2.农村居民人均人力资本支出 X_{11}：用农村居民人均文教娱乐服务支出与农村居民人均医疗保健支出的总和来表示，反映了农村居民个人或家庭为主体的人力资本投资情况。

3.农村劳动力转移 X_{12}：用农村就业总人数与第一产业就业人数差值占农村就业人数的比重来表示。农村劳动力转移不但需要转移成本，也增加了农村居民的收入，同时在转移过程中，人力资源质量提到提升。

（五）政策系统

政策系统是农村人力资源开发政策创新的基本载体。政策系统的组织科学化水平、信息化开放程度、公务员素质、投资结构以及科技创新能力都对重庆农村人力资源开发政策创新起着基础性决定作用。本书拟抽取以下三个指标作为政策系统的代表性变量：

1.科教文卫事业占地方财政支出比率 X_{13}：用科技指出、教育支出、文化传媒支出与医疗卫生支出的总和来表示，此指标在一定程度上反映了政策系统的科技创新能力。科教文卫事业支出越多，表明政府对科技创新越支持，科教文卫事业也能得到较为全面的发展，从而进一步促进农村人力资源的有效开发。

2.农村固定资产投资 X_{14}：农村固定资产投资作为拉动农村经济增长的三驾马车之一，是农业现代化、农民收入增加的初始条件之一，比较综合地反映了国家、社会对农村基础设施建设的投资与支持力度，为农村人力资源开发政策创新奠定了重要的物质基础。

3.乡镇政府个数 X_{15}：用乡政府与镇政府总数来表示，表征农村基层组织的科学化水平。乡镇政府越精简高效，越有利于农村人力资源开发政策创新。除此之外，地方公务员素质与中央政策的科学性、合理性程度在理论上也深刻影响着农村政策系统，但由于此数据资料较难获得，且代表性因子难以确定，因而只能忽略不计。

三、影响因子数据来源及处理

数据来源以历年《重庆统计年鉴》和《重庆调查年鉴》为主,时间跨度为重庆直辖以来的 1997 年至 2012 年,共 16 个样本数据。在上述 15 个自变量选择的基础上,根据第三章关于农村人力资源开发政策创新的影响机理,以及数量分析的简易性和可行性原则,农民收入作为农村人力资源开发政策创新的直接目标,一般能够代表农村人力资源开发效果与政策创新的程度。也就是说政策设计越能够突破现有桎梏,农村人力资本投资越合理,劳动力素质越高,农民自我改造的能力就越强,农民收入也就越高。因此,本书以农村居民家庭每人年均纯收入作为因变量(Y),表示经济效益产出。具体指标的原始数据见表 7-2。

表 7-2　重庆农村人力资源开发政策创新影响因子的原始数据矩阵

项目	Y(元)	X_1	(%)X_2	X_3	X_4(亿元)	X_5(元)	X_6(%)	X_7(%)
1997	1692.36	31.00	1.88	5.33	534.00	3609.69	20.30	6.69
1998	1801.17	32.60	1.90	5.80	569.00	3641.67	18.80	7.85
1999	1835.54	34.30	1.90	6.25	582.00	3992.89	17.20	9.03
2000	1892.44	35.60	1.89	6.57	616.00	4283.86	15.90	10.48
2001	1971.18	37.40	1.85	6.68	667.00	4601.12	14.90	12.02
2002	2097.58	39.90	1.77	6.44	730.50	5140.49	14.20	13.70
2003	2214.55	41.90	1.72	6.39	802.10	5879.12	13.30	13.37
2004	2510.41	43.50	1.65	5.58	986.00	6710.55	14.10	13.04
2005	2809.32	45.20	1.62	5.64	1110.00	7434.67	13.40	14.05
2006	2873.83	46.70	1.66	7.66	1159.30	8695.91	9.90	15.21
2007	3509.29	48.30	1.63	7.07	1375.70	9081.49	10.30	16.43
2008	4126.21	50.00	1.60	7.06	1627.20	10241.34	9.90	17.54
2009	4478.35	51.60	1.57	7.12	1819.80	11270.32	9.30	20.19
2010	5276.66	53.00	1.53	7.17	2157.80	12255.77	8.60	22.41
2011	6480.41	55.00	1.48	6.71	2702.00	13769.29	8.40	25.67
2012	7383.27	57.00	1.44	6.38	3011.20	15584.87	8.20	26.70

续表 7-2 重庆农村人力资源开发政策创新影响因子的原始数据矩阵

项目	X_8（亿元）	X_9（%）	X_{10}（年）	X_{11}（元）	X_{12}	X_{13}（%）	X_{14}（亿元）	X_{15}（个）
1997	517.11	18.80	7.19	143.76	27.13	24.02	96.21	1440.00
1998	669.22	23.00	7.24	166.23	28.35	20.48	96.92	1483.00
1999	812.71	27.30	7.29	169.51	28.88	19.13	112.41	1452.00
2000	980.43	32.90	7.38	223.39	31.87	18.98	124.43	1472.00
2001	1155.96	35.30	7.40	243.15	34.24	19.02	129.79	1237.00
2002	1370.96	37.30	7.42	238.50	36.47	17.14	138.79	1233.00
2003	1678.41	38.80	7.39	269.70	39.33	16.56	131.79	1183.00
2004	2159.67	37.10	7.45	313.96	41.18	16.63	144.80	1035.00
2005	2727.31	38.80	7.63	392.36	43.24	16.56	167.90	958.00
2006	3303.03	45.60	7.72	349.41	46.36	17.59	160.38	905.00
2007	4055.29	44.40	7.72	364.54	49.26	23.05	190.15	891.00
2008	5012.18	42.80	7.71	408.98	51.00	23.30	263.69	872.00
2009	4630.67	42.90	7.67	479.98	52.92	22.88	359.18	862.00
2010	5320.65	44.30	7.88	509.34	54.61	21.32	591.81	931.00
2011	6427.57	44.70	8.08	710.10	55.91	20.18	586.85	912.00
2012	7630.41	46.10	8.12	876.47	57.02	23.04	917.97	913.00

第二节　重庆农村人力资源开发政策创新
影响因子的模型设计

在上述重庆农村人力资源开发政策创新影响因子指标体系构建与数据处理的基础上，建立科学合理的影响因子理论模型与分析方法，是重庆农村人力资源开发政策创新影响因子实证研究的基础。

一、影响因子的理论模型

农村人力资源开发政策创新既是一个包括政治、经济、文化背景下动态发展的过程,又是个人、社会、国家相互作用的结果,因此在特定时效下,某一单独投入都是无意义的,各种结构性因素之间相互影响、相互制约,从而形成数量关系。根据表 7-2 原始数据显示,由于量纲不统一,各变量取值的绝对值相差较大,若依然套用简单的线性回归模型进行分析,势必会产生两级差异,不具有可比性,从而削弱对相关影响因子的阐释作用。因此,本书采用对数线性模型:

$$\ln Y_1 = \beta_0 + \sum_{n}^{16} \beta_n \cdot \ln X_{nt} + \varepsilon_t \qquad \text{(公式 7-1)}$$

其中,Y_1 为农村居民家庭每人年均纯收入;β_0 为常数项,表示各自变量为 0 时因变量的估计值;$\beta_n (n=1,2,3,\cdots,15)$ 为因素 $X_{nt} (n=1,2,3,\cdots,15)$ 对 Y_1 的弹性系数;ε_t 为随机误差,被假定为服从均数为 0 的正态分布;t 表示时间因素,时间序列从 1997 年到 2012 年,取值区间为 1~16。表 7-3 是影响因子的原始数据经过对数转换后的矩阵,解决了量纲问题,同时使得数据更具可比性。

表 7-3　重庆农村人力资源开发政策创新影响因子的数据对数转换后矩阵

项目	$\ln Y$	$\ln X_1$	$\ln X_2$	$\ln X_3$	$\ln X_4$	$\ln X_5$	$\ln X_6$	$\ln X_7$
1997	7.43	3.43	0.63	1.67	6.28	8.19	3.01	1.90
1998	7.50	3.48	0.64	1.76	6.34	8.20	2.93	2.06
1999	7.52	3.54	0.64	1.83	6.37	8.29	2.84	2.20
2000	7.55	3.57	0.63	1.88	6.42	8.36	2.77	2.35
2001	7.59	3.62	0.61	1.90	6.50	8.43	2.70	2.49
2002	7.65	3.69	0.57	1.86	6.59	8.54	2.65	2.62
2003	7.70	3.74	0.54	1.85	6.69	8.68	2.59	2.59
2004	7.83	3.77	0.50	1.72	6.89	8.81	2.65	2.57
2005	7.94	3.81	0.48	1.73	7.01	8.91	2.60	2.64
2006	7.96	3.84	0.51	2.04	7.06	9.07	2.29	2.72
2007	8.16	3.88	0.49	1.96	7.23	9.11	2.33	2.80
2008	8.33	3.91	0.47	1.96	7.39	9.23	2.29	2.86
2009	8.41	3.94	0.45	1.96	7.51	9.33	2.23	3.00
2010	8.57	3.97	0.43	1.97	7.68	9.41	2.15	3.11
2011	8.78	4.01	0.39	1.90	7.90	9.53	2.13	3.25
2012	8.91	4.04	0.37	1.85	8.01	9.65	2.10	3.28

续表 7-3　重庆农村人力资源开发政策创新影响因子的对数据数转换后矩阵

项目	$\ln X_8$	$\ln X_9$	$\ln X_{10}$	$\ln X_{11}$	$\ln X_{12}$	$\ln X_{13}$	$\ln X_{14}$	$\ln X_{15}$
1997	6.25	2.93	1.97	4.97	3.30	3.18	4.57	7.27
1998	6.51	3.14	1.98	5.11	3.34	3.02	4.57	7.30
1999	6.70	3.31	1.99	5.13	3.36	2.95	4.72	7.28
2000	6.89	3.49	2.00	5.41	3.46	2.94	4.82	7.29
2001	7.05	3.56	2.00	5.49	3.53	2.95	4.87	7.12
2002	7.22	3.62	2.00	5.47	3.60	2.84	4.93	7.12
2003	7.43	3.66	2.00	5.60	3.67	2.81	4.88	7.08
2004	7.68	3.61	2.01	5.75	3.72	2.81	4.98	6.94
2005	7.91	3.66	2.03	5.97	3.77	2.81	5.12	6.86
2006	8.10	3.82	2.04	5.86	3.84	2.87	5.08	6.81
2007	8.31	3.79	2.04	5.90	3.90	3.14	5.25	6.79
2008	8.52	3.76	2.04	6.01	3.93	3.15	5.57	6.77
2009	8.44	3.76	2.04	6.17	3.97	3.13	5.88	6.76
2010	8.58	3.79	2.06	6.23	4.00	3.06	6.38	6.84
2011	8.77	3.80	2.09	6.57	4.02	3.00	6.37	6.82
2012	8.94	3.83	2.09	6.78	4.04	3.14	6.82	6.82

二、影响因子模型的分析方法

本书采用主成分回归分析方法进行统计研究。它是一种通过降维的方式把原来多个变量减少为少数几个综合指标的统计分析方法。其解决思路是任何一个研究对象都具有多个相互联系、相互制约的影响因子,且复杂的指标间存在共线性问题,若对其进行简单笼统的计量分析,往往会增加问题的难度。因此,利用变量间的相关关系,建立少数几个综合指标,不仅对所有变量信息进行了全面覆盖,而且通过降维作用,使研究更具精简性和有效性。

主成分回归分析方法的计算步骤是:第一步,基于统一量纲的需要,将原始数据做标准化处理;第二步,进行共线性诊断,这是主成分分析的前提准备,由于某个变量或少数几个变量与其他变量所包含的信息具有相关性,则需通过主成分分析来实现降维;第三步,求相关系数矩阵,计算特征值与特征向量;第四步,选择回归自变量,按照特征值对应的特征向量从大到小对主成分进行排序,根据对因变量的解释程度提取主成分;第五步,计算初始因子载荷和主成分得分;第六步,做普通最小二乘法回归,求得主成分回归方程,并将其还原为原始参数的回归方程。

第三节　重庆农村人力资源开发政策创新
影响因子的实证分析

在上述指标体系选取、数据处理和理论模型建立的基础上,运用科学合理的分析方法,对重庆农村人力资源开发政策创新的影响因子进行实证分析,其计量统计在 PASW statistics 18.0 和 Eview 6.0 上完成。

一、变量检验

共线性诊断是主成分分析的必要前提,其功能是对自变量的数据构成矩阵 $\ln X_1$、$\ln X_2$、$\ln X_3$、$\cdots \ln X_{15}$ 进行相关性检验。通过计算回归系数和共线性统计量(见表 7-4),可以得出 $\ln X_1$、$\ln X_2$、$\ln X_3$、$\ln X_4$、$\ln X_5$、$\ln X_6$、$\ln X_7$、$\ln X_8$、$\ln X_9$、$\ln X_{11}$、$\ln X_{12}$ 和 $\ln X_{14}$ 的容差(Tolerance)均小于 0.1,且方差膨胀因子(VIF),即 1/Tolerance 的计算值均大于 100,说明自变量之间存在着严重的共线性关系,可以对各变量进行主成分回归分析。

表 7-4   回归系数和共线性统计量

模型	非标准化系数		标准系数	t	Sig.	共线性统计量	
	B	标准误差	试用版			容差	VIF
（常量）	−1.382	2.508		−.551	.679		
$\ln X_1$	.975	.436	.391	2.235	.268	.000	2856.436
$\ln X_2$	6.598	1.462	1.234	4.514	.139	.000	6989.408
$\ln X_3$	−1.727	.480	−.372	−3.600	.172	.001	996.747
$\ln X_5$	.106	.158	.109	.673	.623	.000	2435.592
$\ln X_6$	−1.273	.344	−.790	−3.700	.168	.000	4263.712
$\ln X_7$	.582	.092	.483	6.331	.100	.002	544.149
$\ln X_8$	.478	.058	.855	8.194	.077	.001	1019.802
$\ln X_9$	−1.414	.107	−.769	−13.260	.048	.003	314.434
$\ln X_{10}$	1.015	.426	.076	2.385	.253	.010	95.265
$\ln X_{11}$	.224	.046	.239	4.829	.130	.004	229.188
$\ln X_{12}$	.582	.234	.311	2.488	.243	.001	1466.400
$\ln X_{13}$	−.088	.058	−.025	−1.530	.369	.041	24.229
$\ln X_{14}$	−.011	.025	−.016	−.436	.738	.008	119.955
$\ln X_{15}$	.343	.054	.150	6.389	.099	.019	51.478

a. 因变量为 $\ln Y$

在共线性诊断的基础上，还需对各自变量是否符合因子分析标准进行计量检验，即 KMO 和 Bartlett 球形检验。从表 7-5 可知，取样足够度的 KMO 度量值为 0.555＞0.5，说明在此运用主成分回归分析方法是科学合理的；且 Bartlett 球形度检验的近似卡方值为 611.874，自由度 105 下的 P 值为 0.000，具有明显的结构效度，同样说明适合进行因子分析。

表 7-5　KMO 和 Bartlett 的检验

取样足够度的 Kaiser—Meyer—Olkin 度量		.555
Bartlett 的球形度检验	近似卡方	611.874
	df	105
	Sig.	.000

二、参数估计

在上述变量检验的前提下,对重庆农村人力资源开发政策创新的影响因子提取主成分。通过相关系数矩阵可知,各指标之间存在着极其显著的相关关系,信息重叠较多,根据相关系数矩阵求得自变量的初始特征值、方差百分比及其累计方差百分比(见表 7-6)。

表 7-6　方差分解主成分提取汇总表

成分	初始特征值			提取平方和载入		
	合计	方差的 %	累积 %	合计	方差的 %	累积 %
1	12.553	83.688	83.688	12.553	83.688	83.688
2	1.164	7.761	91.450	1.164	7.761	91.450
3	.839	5.591	97.041			
4	.304	2.024	99.065			
5	.061	.409	99.473			
6	.044	.296	99.770			
7	.013	.087	99.857			
8	.008	.054	99.911			
9	.007	.047	99.958			
10	.003	.022	99.980			
11	.002	.014	99.994			
12	.000	.003	99.997			
13	.000	.002	99.999			
14	.000	.001	100.000			
15	$8.189E-006$	$5.459E-005$	100.000			

　　主成分提取需遵循两个原则:一是特征值不小于1,表征主成分的影响力度大于原变量的平均解释力度;二是方差贡献率不应小于5%且累积贡献率应达到85%以上。由表7-6可知,特征值大于1的主成分有2个,其特征值分别为12.553和1.164,这两个主成分的累计贡献率高达91.45%,变量信息基本上得到较为全面的覆盖。其中第一个因子对原数据的解释力度为83.688%,第二个因子对原数据的解释力度为7.761%。通过碎石图可以更直观地验证此结果,如图7-1所示,前两个因子的特征值曲线走势较为陡峭,从第三个因子开始趋于平缓,说明将前两个因子提取为主成分具有相对的合理性。为方便后续分析,本书将这两个因子分别定义为第一主成分,用"F1"表示,第二主成分,用"F2"表示。

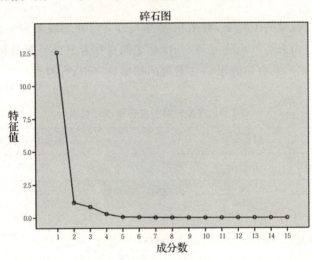

图 7-1　碎石图

表 7-7　初始因子载荷矩阵

	成分	
	F1	F2
$\ln X_1$	.993	−.072
$\ln X_2$	−.967	−.042
$\ln X_3$	.594	−.202
$\ln X_4$	.980	.159
$\ln X_5$	.994	.063
$\ln X_6$	−.988	.014
$\ln X_7$	.981	−.075
$\ln X_8$	.994	−.029

	成分	
	F1	F2
$\ln X_9$	.885	−.418
$\ln X_{10}$	.967	.065
$\ln X_{11}$	.975	.017
$\ln X_{12}$	.990	−.059
$\ln X_{13}$	.262	.905
$\ln X_{14}$	.913	.267
$\ln X_{15}$	−.921	.089

提取方法：主成分分析法

从表 7-7（初始因子载荷矩阵）可知，第一主成分 F1 在变量 $\ln X_1$、$\ln X_2$、$\ln X_4$、$\ln X_5$、$\ln X_6$、$\ln X_7$、$\ln X_8$、$\ln X_{10}$、$\ln X_{11}$、$\ln X_{12}$、$\ln X_{14}$ 和 $\ln X_{15}$ 上有较高载荷，说明 F1 基本反映了这些变量的信息。其中，$\ln X_5$（城乡居民收入差距）和 $\ln X_8$（乡镇企业总产值）的载荷均为 0.994，位居第一；$\ln X_1$（城镇化率）和 $\ln X_{12}$（农村劳动力转移）的载荷次之，分别为 0.993 和 0.990；变量 $\ln X_4$（农村经济总量）、$\ln X_6$（第一产值占 GDP 比重）和 $\ln X_7$（政府财政支出占 GDP 比重）的负载均在 0.98 及其以上；其他变量 $\ln X_2$（结构偏离度）、$\ln X_{10}$（农民人均受教育年限）、$\ln X_{11}$（农民居民人均人力资本支出）、$\ln X_{14}$（农村固定资产投资）和 $\ln X_{15}$（乡镇政府个数）的载荷也较高，均达到 0.90 以上。以上第一主成分 F1 的指标负载信息表明，缩短城乡居民收入差距、发展乡镇企业是重庆农村人力资源开发政策创新的当务之急；加快城镇化建设、加大农村劳动力转移力度是重庆农村人力资源开发政策创新的根本要求；提高农村经济效益、合理规划第一产业、加强政府"三农"支出是重庆农村人力资源开发政策创新的决胜条件。同时，完善就业结构、提高农民素质、增加人力资本支出和农村固定资产投资、精简基层组织是重庆农村人力资源开发政策创新必须长期坚持的重要策略。

第二主成分 F2 在 $\ln X_3$、$\ln X_9$ 和 $\ln X_{13}$ 上有较高载荷，说明第二主成分基本反映了这两个指标的信息。其中，$\ln X_{13}$（科教文卫事业占地方财政支出比率）的载荷最大，达到 0.905；其次是 $\ln X_9$（工资性收入比重）和 $\ln X_3$（二元系数结构）。从第二主成分 F2 的指标负载信息来看，加大政府对科教文卫事业的投入、合理调整工资性收入比重、消除二元经济结构是重庆农村人力资源开发政策创新的现实选择。

但上述初始因子载荷矩阵并不能代表两个主成分，其载荷值只能表示主成分与对应变量的相关系数。因此还需要用初始因子载荷矩阵中的数据除以主成分的特征值开平方根，得到标准正交化特征向量，对应系数如表 7-8 所示。

表 7-8　主成分系数矩阵

	主成分	
	F1	F2
$\ln X_1$	0.280	−0.067
$\ln X_2$	−0.273	−0.039
$\ln X_3$	0.168	−0.187
$\ln X_4$	0.277	0.147
$\ln X_5$	0.281	0.058
$\ln X_6$	−0.279	0.013
$\ln X_7$	0.277	−0.070
$\ln X_8$	0.281	−0.027
$\ln X_9$	0.250	−0.387
$\ln X_{10}$	0.273	0.060
$\ln X_{11}$	0.275	0.016
$\ln X_{12}$	0.279	−0.055
$\ln X_{13}$	0.074	0.839
$\ln X_{14}$	0.258	0.248
$\ln X_{15}$	−0.260	0.083

再将得到的特征向量与标准化后的数据相乘，得出两个主成分的表达式（$Z\ln X_n$表示标准化后的数据，其中 $n=1,2,3,\cdots\cdots,15$）：

$F1=0.280Z\ln X_1-0.273Z\ln X_2+0.168Z\ln X_3+0.277Z\ln X_4+0.281Z\ln X_5-0.279Z\ln X_6+0.277Z\ln X_7+0.281Z\ln X_8+0.250Z\ln X_9+0.273Z\ln X_{10}+0.275Z\ln X_{11}+0.279Z\ln X_{12}+0.074Z\ln X_{13}+0.258Z\ln X_{14}-0.260Z\ln X_{15}$　　　　（公式 7-2）

$F2=-0.067Z\ln X_1-0.039Z\ln X_2-0.187Z\ln X_3+0.147Z\ln X_4+0.058Z\ln X_5+0.013Z\ln X_6-0.070Z\ln X_7-0.027Z\ln X_8-0.387Z\ln X_9+0.060Z\ln X_{10}+0.016Z\ln X_{11}-0.055Z\ln X_{12}+0.839Z\ln X_{13}+0.248Z\ln X_{14}+0.083Z\ln X_{15}$　　　　（公式 7-3）

根据上述两个公式,得出 FI 和 F2 的计算值,如表 7-9 所示:

表 7-9　主成分计算值

项目	F1	F2	项目	F1	F2
1997	-5.74	2.37	2005	0.26	-1.06
1998	-4.98	0.88	2006	1.56	-1.54
1999	-4.16	0.08	2007	2.04	0.4
2000	-3.18	-0.31	2008	2.64	0.64
2001	-2.31	-0.46	2009	3.23	0.63
2002	-1.77	-1.16	2010	3.97	0.4
2003	-1.19	-1.4	2011	4.82	0.22
2004	-0.68	-1.03	2012	5.47	1.33

根据两个主成分的计算值,对中心化因变量 ZlnY 做最小二乘回归分析,所得模型如下:

$$ZlnY = 0.272F1 + 0.211F2 - 9.074E-016 \qquad (公式 7\text{-}4)$$

$$t \quad (23.671) \quad (5.598)$$

$$p \quad (0.000) \quad (0.000)$$

$$F-statistic = 295.758 \quad R^2 = 0.978 \quad adjust-R^2 = 0.975$$

通过各变量相应的 t 检验值可知,模型的决定系数为 97.8%,说明城镇化率等这 15 个因变量所能解释的"农村居民家庭人均纯收入"中所占的比例为 97.8%,模型的整体拟合效果显著。D.W.$=0.938$,在区间$(du, 4-du)$之间,说明残差间相互独立,通过检验。同时,方差分析的结果 F 值为 295.758,P 值小于 0.01,因此该模型具有较强的统计学意义。

再将 F1 和 F2 两个主成分的表达式代入公式 7-4,得到标准化回归方程如下:

$$ZlnY = -0.062ZlnX_1 - 0.082ZlnX_2 + 0.006ZlnX_3 + 0.106ZlnX_4 + 0.088ZlnX_5$$
$$-0.073ZlnX_6 + 0.060ZlnX_7 + 0.070ZlnX_8 - 0.014ZlnX_9 + 0.087ZlnX_{10} + 0.078ZlnX_{11} +$$
$$0.064ZlnX_{12} + 0.197ZlnX_{13} + 0.123ZlnX_{14} - 0.053ZlnX_{15} - 9.074E-016 \quad (公式 7\text{-}5)$$

公式 7-5 是标准化回归方程,还需还原到对数线性回归方程:

$$lnY_1 = \beta_0 + \sum_{}^{16} \beta_n \cdot lnX_{nt} + \varepsilon_t$$

得到结果如下:

$$lnY = 1.1703 + 0.1548lnX_1 - 0.4391lnX_2 + 0.0278lnX_3 + 0.0887lnX_4 + 0.0862lnX_5$$
$$-0.1176lnX_6 + 0.0723lnX_7 + 0.0391lnX_8 - 0.0257lnX_9 + 1.1648lnX_{10} + 0.0731lnX_{11}$$
$$+0.1195lnX_{12} + 0.7033lnX_{13} + 0.0847lnX_{14} - 0.1216lnX_{15} \qquad (公式 7\text{-}6)$$

三、结果与讨论

通过对提取的 15 个自变量($\ln X_1$, $\ln X_2$, $\ln X_3$, …, $\ln X_{15}$)与因变量 $\ln Y$ 的对数线性回归分析,进一步证实了重庆农村人力资源开发政策创新是一个多因素相互作用的复杂系统。

总体上,从重庆农村人力资源开发政策创新影响因子的弹性估计值来看(如表 7-10 所示),解释变量影响的重要程度从大到小依次排序为:农民人均受教育年限(X_{10})＞科教文卫事业占地方财政支出比重(X_{13})＞结构偏离度(X_2)＞城镇化率(X_1)＞乡镇政府个数(X_{15})＞农村劳动力转移(X_{12})＞第一产值占 GDP 比重(X_6)＞农村经济总量(X_4)＞城乡居民收入差距(X_5)＞农村固定资产投资(X_{14})＞农村居民人均人力资本支出(X_{11})＞政府财政支出占 GDP 比重(X_7)＞乡镇企业总产值(X_8)＞二元结构系数(X_3)＞工资性收入比重(X_9)。从解释变量对重庆农村人力资源开发政策创新的作用方向来看,结构偏离度、第一产值占 GDP 比重、工资性收入比重和乡镇政府个数的作用为负方向,其他影响因子皆为正方向。

表 7-10　重庆农村人力资源开发政策创新影响因子弹性估计值

回归系数	β_0	β_1	β_2	β_3	β_4	β_5	β_6	β_7
估计值	1.1703	0.1548	−0.4391	0.0278	0.0887	0.0862	−0.1176	0.0723
$|\beta|$ 排序		4	3	14	8	9	7	12
回归系数	β_8	β_9	β_{10}	β_{11}	β_{12}	β_{13}	β_{14}	β_{15}
估计值	0.0391	−0.0257	1.1648	0.0731	0.1195	0.7033	0.0847	−0.1216
$|\beta|$ 排序	13	15	1	11	6	2	10	5

实证分析的主要结果如下。第一,提升农村居民素质、提高人力资本投资水平是影响重庆农村人力资源开发政策创新的核心内容。可以从农民人均受教育年限(X_{10})、科教文卫事业占地方财政支出比重(X_{13})和农村居民人均人力资本支出(X_{11})的最大或较大正向弹性系数中得以体现。第二,走科学的城镇化道路、合理转移农村剩余劳动力、缩小城乡收入差距是促进重庆农村人力资源开发政策创新的持续动力。可以通过城镇化率(X_1)、农村劳动力转移(X_{12})和城乡居民收入差距(X_5)的较大正向弹性系数值得出,且这三个影响因子属于第一主成分。第三,发展农村经济、加大政府及社会对农村投资力度是重庆农村人力资源开发政策创新的经济基础和财力保障。可通过农村经济总量(X_4)、政府财政支出占 GDP 比重

（X_7）和农村固定资产投资（X_{14}）的较小正向弹性系数得出，但这三个变量均属于第一主成分，仍具有较大影响程度。第四，产业发展与就业政策、基层政府组织结构成为阻碍重庆农村人力资源开发政策创新的重要屏障。可以通过结构偏离度（X_2）、乡镇政府个数（X_{15}）和第一产值占 GDP 比重（X_6）的较大负向弹性系数得出，且属于第一主成分。第五，其他影响因子：乡镇企业总产值（X_8）、二元结构系数（X_3）和工资性收入比重（X_9）的作用并不显著，可以从这三个指标的最小正向或负向弹性系数值得出。

通过深入分析上述实证结果，根据各回归方程式，具体分析结果如下：

首先，从标准化主成分回归方程（公式 7-4）来说，经过对数标准化处理之后的主成分回归系数具有以下表征：当 F1 每增加一个单位，ZlnY 就相应地增加 0.272 个单位；当 F2 每增加一个单位，ZlnY 就相应地增加 0.211 个单位。表 7-11 中显示，F1 的标准化系数为 0.963，F2 的标准化系数为 0.228，说明第一主成分 F1 对 ZlnY 的影响程度比第二主成分 F2 大得多。从共线性统计量来看，F1 和 F2 的容忍度、方差因子均为 1，说明变量之间不存在共线性关系，进一步证实了主成分分析方法是有效的，起到了降维的作用。

表 7-11　回归系数与共线性统计量

模型		非标准化系数		标准系数	t	Sig.	共线性统计量	
		B	标准误差	试用版			容差	VIF
1	（常量）	−9.074E−016	.039		.000	1.000		
	F1	.272	.011	.963	23.671	.000	1.000	1.000
	F2	.211	.038	.228	5.598	.000	1.000	1.000

a．因变量为 ZlnY

其次，从标准化回归方程（公式 7-5）来说，经过对数标准化处理之后的因子回归系数具有以下表征：当其他变量不变的前提下，当 $ZlnX_n$ 每增加一个单位，ZlnY 就会相应地增加 $Z\beta_n$ 个单位；当 lnX_n 每增加一个标准差，lnY 就会相应地增加 $Z\beta_n$ 个标准差。通过回归方程可知，$ZlnX_{13}$、$ZlnX_4$ 和 $ZlnX_{14}$ 的系数最大，均达到 0.1 以上，说明每增加一个 $ZlnX_{13}$、$ZlnX_4$ 和 $ZlnX_{14}$ 的单位值，就会增加 0.197，0.106 和 0.123 个 ZlnY 的单位值；其次是 $ZlnX_5$、$ZlnX_{10}$、$ZlnX_{11}$、$ZlnX_8$ 的系数较大，均达到 0.07 及其以上，说明每增加一个 $ZlnX_5$、$ZlnX_{10}$、$ZlnX_{11}$ 和 $ZlnX_8$ 的单位值，就会相应地增加 0.088，0.087，0.078 和 0.070 个 ZlnY 的单位值。相对的，$ZlnX_{12}$、$ZlnX_1$、$ZlnX_7$ 和 $ZlnX_3$ 的系数较小或最小，这意味着 lnX_{12}、lnX_1、lnX_7 和 lnX_3 每增加一个标准差,$\ln Y$ 仅会相应地增加 0.064,0.062,0.060 和 0.006 个标准差;而 $Z\ln X_2$、$Z\ln X_6$、$Z\ln X_9$ 和 $Z\ln X_{15}$ 为负向系数,说明每增加一个 $Z\ln X_2$、$Z\ln X_6$、$Z\ln X_9$ 和 $Z\ln X_{15}$ 的单位值,$Z\ln Y$ 就会相应地减少 0.082,0.073,0.014 和 0.053 个单位。

最后,从对数线性回归方程(公式 7-6)来说,具体结果可分为以下几点:

1.农民全面发展是重庆农村人力资源开发政策创新的内在要求。

从表 7-10 的分析结果来看,农民受教育年限对重庆农村人力资源开发政策创新的弹性系数最高,达到 1.1648,说明农民受教育年限每增长 1 个百分点,农民人均纯收入将会增长 116.48 个百分点;农村劳动力转移对重庆农村人力资源开发政策创新的弹性系数为 0.1195,说明农村劳动力转移每提高 1 个百分点,农民人均纯收入将会增长 11.95 个百分点;农村居民人均人力资本支出对重庆农村人力资源开发政策创新的弹性系数相对较小,为 0.0731,说明农村居民人均人力资本支出每增加 1 个百分点,农民人均纯收入将会增长 7.35 个百分点。从初始因子载荷矩阵(表 7-7)得知,$\ln X_{10}$、$\ln X_{11}$ 和 $\ln X_{12}$ 的载荷值分别为 0.967,0.975 和 0.990,且均属于第一主成分,说明农民人均受教育年限、农村劳动力转移和农村居民人均人力资本支出对重庆农村人力资源政策创新的正向促进作用较强,进一步证实了农民因素是农村人力资源开发的主体,也是促成政策创新的内在动力。

但另一方面,农村居民人均人力资本支出在重庆农村人力资源开发政策创新影响因子弹性估计值中的排序仅为第 11 位,说明农民素质的提高,仅仅依靠农民自身的投资难以达到目标要求,农民自身发展能力有限,需要加大政策倾斜力度及其政府和社会对"三农"的投资。

2.经济持续稳定发展是重庆农村人力资源开发政策创新的基础前提。

从表 7-10 的分析结果来看,农村经济总量对重庆农村人力资源开发政策创新的弹性系数为 0.0887,即农村经济总量每增加 1%,农民人均纯收入就相应地增长 8.87%;城乡居民收入差距对重庆农村人力资源开发政策创新的弹性系数为 0.0862,说明城乡居民收入差距每缩小 1%,农民人均纯收入就相应地增长 8.62%。从初始因子载荷矩阵来看,农村经济总量的负载值为 0.980,城乡居民收入差距的载荷值为 0.994,均属于第一主成分,是重庆农村人力资源开发政策创新的重要解释变量。实证结果与预期分析具有一致性:经济发展程度决定着农村各项事业发展的承载能力。直辖以来,农村经济得到快速发展,为农村人力资源开发提供了较好的物质基础。

但是,以第一产业为主的经济发展模式逐渐成为重庆农村人力资源开发政策创新的阻碍因素,这一点可以从第一产值占 GDP 比重的负向系数得出。第一产值占 GDP 比重对重庆农村人力资源开发政策创新的弹性系数为 -0.1176,即第一产值占 GDP 每增加 1％,农民人均纯收入就相应地减少 11.76％,且负载系数较大,达到-0.988,属于第一主成分。这与预期也具有一致性:由于重庆的地势问题,第一产业长期以来实行传统的耕作方式,无法形成集约化生产方式,同时大量滞留的农村剩余劳动力,成为农村发展和农民增收的瓶颈。因此,发展现代化农业成为推动重庆农村人力资源开政策创新的必然选择。

3.合理的制度环境是重庆农村人力资源开发政策创新的重要保障。

从表 7-10 的分析结果来看,城镇化率对重庆农村人力资源开发政策创新的弹性系数为 0.1548,即城镇化率每增长 1％,农民人均纯收入就相应地增长 15.48％,负载系数为 0.933,属于第一主成分,且在影响因子弹性估计值中排名第 4。因此,合理规划城镇发展道路,加快城镇化步伐,降低城镇与农村双向流动的成本是重庆农村人力资源开发政策创新的重要条件。

另一方面,结构偏离度对重庆农村人力资源开发政策创新的弹性系数为-0.4391,即非农产业结构与非农产业就业结构偏离度每增加 1 个百分点,农民人均纯收入就相应地减少 43.91 个百分点,从初始因子载荷矩阵中可以看出,结构偏离度的负载值为-0.967,为第一主成分,且在影响因子弹性估计值中排名第 3。由此得知,产业结构与就业结构依然具有严重的不协调性,是阻碍重庆农村人力资源开发政策创新的一大屏障。因此,加大人力资源开发力度更要注重对产业化发展前景的预测,制定相关政策培养与产业发展相匹配的专业人才。

二元结构系数对重庆农村人力资源开发政策创新的弹性系数值很小,仅为 0.0278,即二元结构系数每增长 1％,农民人均纯收入就相应地增加 2.78％,在第二主成分中的负载值仅为-0.202,在影响因子弹性估计值中的排名为倒数第二位,说明此因子对重庆农村人力资源开发政策创新的解释力度不大。按理说,二元结构系数反映了城乡二元经济结构的强度,而我国正处于城乡二元制度凸显时期,应该具有显著的负向影响特征,但分析结果与预期不符,这可能要归结于发展中国家二元经济结构的演化规律,即先扩大后缩小的发展过程。这是由于城镇化发展的快速兴起,非农产业得较快发展,并吸收了大量资金与技术,人力资源相应地流入城市非农业部门,而农业由于技术和资金的匮乏发展缓慢,但当农业现代化发展到一定程度,非农产业人力资源逐渐达到饱和,农村剩余劳动力转移趋于合理时,双方劳动生产率和收入水平逐渐趋于一致,二元经济结构特才能逐渐消失。由此看来,重庆城镇化率还在逐年攀升,城镇建设正欣欣向荣,农业发展现代化步伐也在加快,当前重庆的二元经济结构正处在扩大阶段,但其发展程度已逐步向顶峰靠拢,这是促进重庆农村人力资源开发政策创新的必然趋势。因此,分析结果显示二元结构系数呈正向影响态势,但作用力度已显微弱,具有合理性。

4.主体联动机制是重庆农村人力资源开发政策创新的动力源泉。

从表7-10的分析结果来看,政府财政支出占GDP比重对重庆农村人力资源开发政策创新的弹性系数为0.0723,即政府财政支出占GDP比重每增加1％,农民人均纯收入就相应地增长7.23％;乡镇企业总产值对重庆农村人力资源开发政策创新的弹性系数为0.0391,即乡镇企业总产值每增加1％,农民人均纯收入就相应地增长3.91％。从初始因子载荷矩阵来看,政府财政支出占GDP比重和乡镇企业总产值的负载值分别为0.981和0.994,且均属于第一主成分。说明政府加大财政投入对农村人力资源开发政策创新具有引导作用,同时乡镇企业的迅速发展,为农村劳动力创造了更多就业机会和人才培训平台。因此,重庆农村人力资源的有效开发与政策创新必须依赖以"政府引导、内源发展与市场调配"相结合的主体联动机制,从而使各项机制能够实现战略上的动力协调结构。

但值得注意的是,工资性收入比重对重庆农村人力资源开发政策创新的弹性系数为－0.0257,且在影响因子弹性估计值中的排名为倒数第一,从初始因子载荷矩阵来看,工资性收入比重的负载系数仅为－0.418,属于第二主成分。这与预期不符,究其原因,可能有以下两点:一是在二元体制之下,劳动力转移就业效率不高,市场一体化还是一个长期发展的过程;二是从原始数据搜集来看,工资性收入比重从2009年开始才有较为显著的增长趋势,这与社会保障体制完善程度密切相关。因此,以工资性收入增长带动农村居民收入的提高还需要考虑多方面因素,这些因素削弱了其对重庆农村人力资源开发政策创新的影响程度。

5.政策系统优化是重庆农村人力资源开发政策创新的基本通道。

从表7-10的分析结果来看,首先,科教文卫事业占地方财政支出比重对重庆农村人力资源开发政策创新的弹性系数为0.7033,即科教文卫事业占地方财政支出比重每增长1个百分点,农民人均纯收入就相应地增长70.33个百分点,在第二主成分中的初始因子载荷值为0.905,且影响因子弹性估计值中的排名为第2位,说明加大对科教文卫事业的投入力度,以科技创新能力带动政策创新能力是农村人力资源开发的持续性动力。其次,农村固定资产投资对重庆农村人力资源开发政策创新的弹性系数为0.0847,即农村固定资产投资即每增长1％,农民人均纯收入就相应地增长8.47％,在第一主成分中的初始因子载荷值为0.913,说明农村固定资产投资是实现农村人力资源开发政策创新的财力保证。最后,乡镇政府个数对重庆农村人力资源开发政策创新的弹性系数为－0.1216,即乡镇政府个数每增长1％,农民人均纯收入就相应地减少12.16％,在第一主成分中的初始因子载荷值为－0.921,且在影响因子弹性估计值的排名为第5位,说明减少组织层级,优化农村基层组织结构,增强系统决策能力,是促成农村人力资源开发政策创新的现实选择。

小结

本章根据指标体系构建原则,选取了制度环境、经济发展、主体机制、农民发展和政策系统 5 个层次 15 个指标作为重庆农村人力资源开发政策创新的影响因子,在数据处理和理论模型设计的基础上,借之以现代化计量分析统计软件 PASW statistics 18.0 和 Eview 6.0,用之以主成分回归分析方法,依次通过共线性诊断、变量适合性检验、参数估计和 t 检验,表明增强农村居民素质、提高人力资本投资水平是影响重庆农村人力资源开发政策创新的核心内容;走科学的城镇化道路、合理转移农村剩余劳动力、缩小城乡收入差距是促进重庆农村人力资源开发政策创新的持续动力;发展农村经济、加大政府及社会对农村投资力度是重庆农村人力资源开发政策创新的经济基础;产业发展与就业政策、基层政府组织结构成为重庆农村人力资源开发政策创新的重要屏障。

第八章　重庆农村人力资源开发政策创新的总体架构

农村人力资源开发政策创新是在重庆既有政策的结构归纳和规律总结的基础上,对现有政策释放效应不足进行反思和规避,从而面向未来农村人力资源开发政策趋势做出的改革与创新。本章通过对重庆当前的时势分析,可知农村人力资源开发政策创新是新形势下"四化"发展的现实选择,由此确立了重庆农村人力资源开发政策创新的目标定位,并在此基础上构建了政策创新的基本框架,以期为重庆农村人力资源开发政策创新提供总体性和方向性的指导。

第一节　重庆农村人力资源开发政策创新的时势分析

中共十八大报告明确指出"坚持走中国特色新型工业化、信息化、城镇化、农业现代化道路,促进工业化、信息化、城镇化、农业现代化同步发展",同时,要求"形成以工促农、以城带乡、工农互惠、城乡一体的新型工农、城乡关系"。重庆政府在总揽全局、科学发展的基础上,将农业现代化、新型工业化、新型城镇化和城乡发展一体化(以下简称"四化")作为经济社会发展阶段性的时势任务,是在新形势下对工农、城乡关系的深刻认识和把握。

同步推进"四化"是全面建成小康社会的重中之重,其关键难点在农村。要促进农村经济社会发展,物质资源固然重要,但是农村人力资源才是促进经济增长的根本动力。当前重庆农村人力资源总量大、质量低、结构不合理,人才供给难以满足"四化"发展需求,这必然要求加快农村人力资源开发。而在现有体制之下,将重庆农村人力资源开发政策创新作为解决这种供需矛盾的突破口,是积极探索新形势下推进"四化"同步发展的基本渠道。

一、农业现代化发展，拔高技术平台

农业现代化直接为农村经济的快速发展和农民科学技术水平的迅速提高提供了有力支撑，其对农村人力资源的技能素质需求是促成农村人力资源开发政策创新的重要技术平台。农业现代化需要有技术、懂科学的新型农民带动发展。因此，提升农村劳动力文化素质和技能素质是农业实现现代化的现实要求，这就使农村人力资源开发政策以培养有文化、懂技术、善经营、会合作的新型农民为目标进行创新。

2012年9月重庆市颁布了《中共重庆市委重庆市人民政府关于加快推进农业现代化的若干意见》（以下简《意见》），指出加快农业现代化是重庆农村发展形势的现实选择。在城乡二元结构明显、农村人口众多、资源贫乏、基础条件差的前提下走出一条依靠科技创新和高效益、集约化生产的路子，才能提高农民收入，进而实现全面建成小康社会的奋斗目标。《意见》明确规定，到2017年，全市现代农业建设取得重大进展，主城涉农区、现代农业示范区率先基本实现农业现代化，全市农业现代化处于西部领先水平。在总体目标统领之下，推进农业产业化、专业化、信息化发展成为必然趋势，在这个过程中科技创新是关键，政府要出台一系列政策加强对高科技资金的使用比例和效率进行规范，并联合科研机构、高等院校、农业组织、其他经济和非经济主体共同创建科技创新平台、组织农业科技创新活动，从而增强全市农业科技自主创新的能力。

当前，重庆农村发展正处于高科技人才紧缺阶段。在长时间劳动力转移的基础上，农村劳动力老龄化、空心化现象愈演愈烈，结构性短缺是重庆农村经济发展面临的紧迫性问题。在此背景下，重庆以科技创新先行，适时推出农业现代化发展路径，并对其做出了重要战略部署，破解农村经济发展面临的瓶颈问题，着力培育一大批新型职业农民，并加大人才培养的政策扶持力度，包括切实加强农业职业教育，不断完善科学理论与田间实践相结合的教学模式，对涉农专业实行了补贴或免学费；继续推进"阳光工程""绿色证书"等技能培训；继续深入贯彻对转移劳动力的职业培训，鼓励农民自主创业。事实证明，农业现代化发展为进一步实现农村人力资源开发政策创新提供了坚实基础。

二、新型工业化部署，挖掘持续动力

工业化实质上是第二产业逐步在一个国家或地区的国民经济中占主导地位的发展过程。新型工业化则是随着科学技术的进步，在不断扬弃和改造传统工业中出现的新形态,即是坚持以信息化带动工业化,以工业化促进信息化,就是科技含量高、经济效益好、资源消耗低、环境污染少、人力资源优势得到充分发挥的工业化道路。新型工业化在先进科学技术的基础上,对经济、环境、人力资源等各方面都做了统一部署和具体要求,兼具全面性和协调性。新型城镇化的战略定位于科教兴国和可持续发展这两大目标,科学技术是第一生产力,实施人才战略是推进技术进步和创新的基本途径,也是实现可持续发展的内在要求,为农村人力资源开发政策创新提供了持续动力。

重庆走新型工业化道路有其必然的历史选择。首先,走新型工业化道路是顺应全国乃至世界科技经济的发展要求。当今世界科学技术革命加快了移动化、网络化和智能化进程,高新技术的发展和运用逐步走向信息化、自动化,已经成为助推经济社会发展的支撑力量。同时,经济全球化和科技信息化所带来的资金链、人才链、物资链等生产需要流动步伐加快,形成相互依存又相互竞争的市场格局。因此,走新型城镇化道路是我国顺应时势、与时俱进的现实选择。其次,走新型城镇化道路是由重庆经济社会发展实际决定的。重庆是典型的"大城市带大农村",农村人力资源数量大,技能型人才匮乏,人均资源不足,粗放型生产劳动力供大于求。目前重庆正处于工业化中期,工业是全市经济的主导产业,在这种情况下,以资源的过度消耗换取经济短期效益,不仅使资源面临枯竭,工业化和经济发展也难以长治久安,甚至人类的生存环境也会渐失平衡。因此,重视培养集约型和高科技人才、提高经济效益、走环境友好型的工业化路子是当前的唯一选择。重庆为深入推进新型工业化,于 2012 年 8 月颁布了《重庆市人民政府关于推进新型工业化的若干意见》,其主要目标是到 2015 年"十二五"工业投入累积达到 1.5 万亿元,工业增加值占 GDP 的比重达到 50%,工业从业人数占城镇就业人数的比重达到 35%;到 2020 年全面构建起结构优化、技术先进、吸纳就业能力强的现代产业体系,建成国家现代制造业基地。在推进重庆新型工业化进程中,技术创新关键在于人才先行,必须强化人力资源的开发和保障作用,重庆农村人力资源在第二产业中就业比例大、数量多,是工业发展的中坚力量。加强对农村人力资源的职业教育,结合企业的在职技术教育,推动校企结合、产教对接的结构模式,着力解决农村劳动力在工业供给链条中的结构性瓶颈问题,为重庆经济转型和产业结构升级提供人才支撑,是重庆农村人力资源开发政策创新的当务之急。

三、新型城镇化发展,铺就转移路径

城镇化实质上是农村人口转为城镇人口的过程,主要表现为人口就业结构、经济产业结构和城乡空间社区结构的转变。新型城镇化强调以人为本、公平共享,关

键是提升发展质量,发展目标是努力实现"三个 1 亿人",即促进约 1 亿农业转移人口落户城镇;改造约 1 亿人居住的城镇棚户区和城中村;引导约 1 亿人在中西部地区就近城镇化。重庆推进新型城镇化,是建成西部地区重要增长极、率先在西部实现全面小康社会的必由之路。"三个 1 亿人"发展目标着力引导劳动密集型产业优先向中西部转移,吸纳就近转移农民工,加快产业集群发展和人口集聚,为重庆加快新型城镇化发展步伐形成了强有力的助推力量。

新型城镇化是重庆转变经济发展方式、增强内生动力的关键,也是破解城乡二元结构、促进农村人力资源自由流动的重要举措。根据重庆市国民经济和社会发展统计公报,2013 年城镇化率为 58.34%,超过全国平均水平。为加快推进新型城镇化,重庆于 2012 年 9 月颁布了《中共重庆市委 重庆市人民政府关于推进新型城镇化的若干意见》,其总体要求是紧紧围绕科学发展这一主题和加快转变经济发展方式这条主线,以提高城镇综合承载力、集聚力和辐射力为核心,以加快产业、人口和功能集聚为重点,努力走出一条符合重庆实际的新型城镇化道路。道路实现必须"基于顶层设计、行于配套政策"。一是农村户籍制度改革,如何有效促进农村人力资源流转问题,即打破城乡二元结构,构建城乡一体化劳动力市场,增强农村劳动力自由流动;二是农村人力资源户籍变更后,如何跟进社会保障体系,即在农民转市民过程中落实政策,解决就业、住房、子女教育等一系列问题;三是农村人口转为城镇人口后,如何规范农村土地流转,即明确土地归属权问题,形成土地有序性、规模性流转,增强农业综合效益;四是在就近城镇化过程中,如何构建产业配套,即在工业化和产业化的基础上形成农企联姻、规模经营的产业链条。以上举措是农村人力资源开发配套政策的具体内容,相应的,推进新型城镇化建设为农村人力资源开发政策创新提供了重要契机。

四、城乡发展一体化,形成统筹格局

城乡发展一体化是统筹城乡经济社会发展、消除城乡二元结构的根本途径,是全面实现小康社会的内在要求。十八大报告指出"城乡发展一体化是解决'三农'问题的根本途径"。随后 2015 年中央一号文件明确提出"围绕城乡发展一体化,深入推进新农村建设"。重庆市"承直辖体制、沿二元结构",山区地貌复杂,市情特殊,城乡发展一体化任务艰巨,且极具独特的地域性。近年来,重庆市实施了一系列统筹城乡综合配套改革措施,如2012年重庆市出台提振实体经济13条①、民营经济45条②、工业"稳增长"10条③等系列政策措施,深入农村土地改革,新增9个区县开展农村土地流转市场建设试点,提升城乡基本公共服务水平等各项举措④。城乡统筹改革和一体化发展取得突破性进展。

2014年8月《重庆市统筹城乡重点改革总体方案》重磅出击,此次改革在总结历史经验的基础上,以当前新形势为契机,着力于点线面综合配套,核心内容涉及5项重点改革措施,包括新型农业经营体系、农民工户籍制度、农村金融服务、地票制度、农村流通体系,并对各项内容界定了具体目标和战略规划。在逐步完善城乡发展一体化进程中,农村发展是关键,人才是根基,农村人力资源开发是促进城乡统筹的着力点。城乡发展一体化各项制度体系的改革必须着力于完善各项配套政策。鉴于此,实现城乡改革制度上的突破亟须农村人力资源开发政策上的创新,解决农业经营专业型人才供给、农民转移就业创业、公共服务保障措施跟进等根本性问题,才能进一步推动重庆城乡发展一体化建设。

---

①2012年2月13日由重庆市市长黄奇帆主持的市政府第119次常务会议审议并通过的《重庆市人民政府关于提振实体经济促进我市经济平稳较快发展的意见》,制定了提振实体经济的13条措施,内容包括:增加社会融通资金量;巩固深化"五低"商务环境;切实保障流动性进入实体经济;扶持微型企业发展;减轻企业负担;集中专项资金提振实体经济;支持企业加快走出去;加强物流通道建设;增强农村经济发展活力;努力满足民生住房需求;加强能源保障;加强人力资源保障;加大对本地产品扶持力度。

②2012年6月6日,为进一步促进重庆民营经济大发展,加快富民兴渝,重庆出台《关于大力发展民营经济的意见》,推出45条政策措施,涵盖推动民营经济发展的诸多领域:扩大民间资本投资领域,鼓励民间资本参与交通运输、能源、水利工程、市政、电信建设和医疗卫生、文化事业,鼓励兴办金融机构,等等。

③2012年9月4日,黄奇帆主持的市政府第132次常务会议审议通过了《重庆市经济和信息化委员会关于当前工业经济运行倾向性问题及下半年促进工业经济稳定增长政策措施的报告》《重庆市人民政府关于进一步加强城乡规划工作的通知》,制定了促进工业经济稳定增长的政策措施,其内容涉及促进大中型企业增产、保障能源要素供应、做好资金调度、减轻工业负担等。

④重庆市统计局.重庆年鉴,2013.

第二节　重庆农村人力资源开发政策创新的目标定位

"目标是个人或组织所期望的境界或成果,具有广义和狭义之分。"[①]广义的目标是从整体上统筹把握事物的发展状态以及未来要达到的某种境界,包括战略目标和价值取向。狭义的目标是对未来某一时间段设计的具体性的量化成果,主要以内容目标定位展现出来。

一、政策创新的战略目标定位

重庆农村人力资源开发政策具有系统性和整合性,而非单一存在的个体性、独立性政策,事实上,重庆农村人力资源开发政策涉及重庆全域整个社会资源的全方位开发与利用关系,甚至在任何环节上都会与社会各方面产生紧密的联系。因此,重庆市政府应该在城乡统筹一体化的前提下,使经济社会系统尽快适应农村人力资源开发的要求,加快步伐对现有户籍改革政策、就业政策、社会保障政策、收入分配政策等进行深入调整,在现有政策释放不足的基础上创新农村人力资源开发政策,建立健全相关政策法规体系,使其能够有效致力于农村人力资源开发,进而带动整个重庆社会经济的全面发展。

具体而言,一是在政策制定层面,应该突破常规、适应新形势——农村人力资源开发相关政策进一步创新,政策体系进一步完善。教育资源应该进一步向农村倾斜,确保农村义务教育公平,尤其要关注农村留守儿童成长问题。为了保证今后农村普通初中、高中未升学的学生全部接受职业技能教育,必须从教育目的、教育学制、课程设置、师资整合等方面进行政策性规定。随着农业产业结构调整的加快,新型城镇化的快速推进,农村劳动力的不断转移,应逐步建立健全城乡统一的劳动力市场。同时,农民需要不断地掌握新技术、新技能,提高综合素质,因此要加快农村成人教育事业的发展,政府应该对农民成人教育的目的、主管部门、配合部门、办学场地、教育投入、师资建设、教育内容、课程建设、实际操作等各方面进行具

---

①吴江.城乡统筹视阈下中国新型城镇化的路径选择:基于重庆的实证[M].重庆:西南师范大学出版社,2014.

体的政策创新。近年来,农民回乡创业广泛兴起,加快提高农民创业素质、创造适宜的创业环境,是目前农村人力资源开发政策创新的一个极其重要的问题,这对于从内部推动农村经济发展具有重要意义。二是在政策执行方面,综合协调、监管有序——农村人力资源开发政策执行机制进一步创新,执行力度进一步加强。农村人力资源开发政策在执行过程中相当复杂。例如,对于医疗卫生而言,从对象上看,急需解决这些问题的既有农村区域中的农民,又有进城务工的农民工;从任务上看,农民医疗卫生既有农村农民的公共卫生和医疗机构服务,又有进城农民工的职业卫生、医疗服务等;从管理层面上看,既有农村中县、乡政府和村民委员会,又有城市区级政府、街道办事处和居民委员会等。因此,农村人力资源开发政策必须综合协调,如进城农民工卫生医疗服务、免疫计划、疾病预防、职业卫生、妇幼保健的提供,城镇卫生部门不能单独作用,而需要联合教育、计划生育、劳动和社会保障等各个部门协调完成。同时,还必须加强对政策执行情况的检查,其检查主体应广泛涉及第三方部门、组织以及公众群体,才能促进农村人力资源开发政策的有效执行及其目标的最终实现。

二、政策创新的价值目标定位

重庆农村人力资源开发政策创新是地方政府政策创新的一个重要组成部分,地方政府是不同区域利益的代表,因此其政策需要有明确的价值定位。重庆农村人力资源开发政策创新实质上是重庆市政府对农村人力资源开发政策做出的更符合地方发展情况的阐释、完善和实施,而政策价值就是农村人力资源开发政策的制定与执行主体、政策客体以及相关社会群体对政策优劣、社会正当性和有效性的评判。因此,根据重庆区域发展的特殊性,重庆农村人力资源开发政策创新的价值目标定位为公平正义和以人为本,保证其政策创新的出发点和落脚点是顺应当前发展新形势,促进农村人力资源有效开发,进一步带动重庆"四化"快速发展。

公平正义是重庆农村人力资源开发政策创新的核心价值目标。公平正义就是农民自身、农村内部以及整个重庆社会各方面的利益关系得到妥善协调,农村人力资源开发问题得到有效解决。例如,重庆实施农村免费义务教育,加大农村公共卫生投入,加大社会保障在农村居民、城市农民工中的覆盖范围等,从而缩小城市与农村的两极化差异,维护基本公共服务的公平。尤其是农民工作为我国现阶段城乡二元结构下产生的新职工群体,重庆市政府能否结合自身实际对农民工权益问题进行政策创新,关系到农村人力资源开发乃至整个社会公平正义的实现。以人为本是重庆农村人力资源开发政策创新的根本价值目标。重庆农村人力资源开发政策创新中的人本导向,是强调农民是政策创新的出发点和落脚点,强调重庆农村人力资源开发政策要体现农民在农村经济增长、社会和谐、重庆全域经济发展中的动力作用,要从是否把农民发展置于核心地位、是否坚持农民主体原则、是否在统筹城乡发展中维护农民利益三个方面来创新农村人力资源开发政策。要用以"以人为本"为核心的科学发展观来指导重庆农村人力资源开发政策创新,即创新政策理念、创新政策目标体系、创新政策工具、创新政策运行机制。

三、政策创新的内容目标定位

"当前,我国经济发展进入新常态,正从高速增长转向中高速增长"[①],在经济增速放缓的背景下,重庆农村人力资源开发是强化农业基础地位、促进农民增收、带动农村经济发展的必然途径。重庆农村人力资源开发政策创新必须以综合协调,全面促进农业现代化、新型工业化、新型城镇化和城乡统筹一体化为总体目标。《重庆市农村实用人才队伍建设规划(2010—2020)》《重庆市中长期科学和技术人才发展规划纲要(2010—2020 年)》,以及《重庆市中长期人才发展规划纲要(2010—2020 年)》,对重庆农村人力资源开发政策创新的阶段目标和任务目标予以确立。

重庆农村人力资源开发政策创新的主要成果直接体现在人力资源开发的数量目标实现基础之上,由于农村人力资源开发是一个系统工程,也是一项长期任务,因此其数量目标的制定以阶段目标展示。重庆农村人力资源开发政策创新的阶段目标:一是总量增加,到 2020 年,农村实用人才[②]达到 299.6 万人,平均受教育年限10.5 年,2016—2020 年开展农村实用人才培训 150 万人次;二是素质提升,到 2020年,培训农民 300 万人次,拥有中专以上学历农村实用人才达到 15 万人,获得职业资格证书农村实用人才达 15 万人,农村实用人才素质全面提高;三是保障有力,到2020 年,农村实用人才工作体系基本健全,建成市、区县(自治县)、乡镇和村组四级培训教育网络;四是发展持续,到 2020 年,人才对农业农村发展的支撑作用显著

①2015 年中央一号文件发布(全文)[EB/OL]. http://money. 163. com/15/0201/19/AHD3KP9Q00251OB6.html,2015－2－1.

②农村实用人才是指具有一定的知识或技能,为农村经济和科技、教育、卫生、文化等各项社会事业发展提供服务、做出贡献、起到示范或带头作用的农村劳动者,是广大农民的优秀代表,是新农村建设的主力军,是人才队伍的重要组成部分。加强农村人力资源开发工作,就是要统筹城乡资源,通过学校教育、职业培训等方式,努力提高广大农村人口的综合素质和能力,不断促进农村人力资源的合理配置和使用。农村实用人才队伍建设是农村人力资源开发的重点,农村人力资源开发是农村实用人才队伍建设的基础和前提,因此,这里将农村实用人才建设目标作为农村人力资源开发的数量目标。

增强,科技进步对农业增长的贡献率达到 60％。

在总体目标统领下,紧紧围绕重庆农村人力资源开发政策创新的阶段目标,将重庆农村人力资源开发政策创新的任务目标定位为:一是创新促进投资优先的财税金融政策。重庆市各级政府优先保证对农村人力资源开发的投入,确保农村人力资源开发投入增长幅度高于财政经常性支出增长幅度。综合运用信贷、保险、税收等政策工具,鼓励、引导和动员各种社会力量参与农村实用人才和农业科技人才队伍建设。二是创新学历教育政策支持。将农业部实施的"百万中专生计划"与重庆市农村人才学历教育相结合,教育部门认同其学历并颁发成人中等职业学校毕业证书,区县可优先寻用为农村技术员、村动物防疫员,农业龙头企业、乡镇企业可择优使用,优先实施政府支持的农村项目和享受国家农业综合开发优惠贷款。三是创新创业扶持政策。认真落实土地流转、技术服务、项目立项、资金投入、税费缴纳等方面的政策,加大税收优惠、财政贴息力度,支持农民及返乡农民工创业。加强创业技能培训和创业服务指导,提高创业成功率。

第三节　重庆农村人力资源开发政策创新的基本框架

当前,重庆城乡资源要素流动加速,城乡互动联系增强,如何在城乡统筹改革深化背景下实现城乡共同繁荣,是必须解决的一个重大问题,解决问题的关键是重庆农村人力资源开发政策创新,其基本框架是:以科学性原则、整体性原则、超前性原则和阶段性原则为四大指导原则;以制度改革为重点;以改革性制度、发展性政策、激励性政策和保障性政策为体系架构;通过农民首创式、政府推动式、上下互动式和相互借鉴式等方式,推进重庆农村人力资源开发政策创新。

一、政策创新的原则

科学性原则、整体性原则、超前性原则和阶段性原则是重庆农村人力资源开发政策创新的四大指导原则。

科学性原则是重庆农村人力资源开发政策创新的基本原则。重庆农村人力资源开发政策创新外在体现为重庆市各级政府关于农村人力资源开发的各项行政决策。科学性原则要求政府决策在科学的决策理论指导下,按照科学的决策程序,运用科学的决策方法进行决策,过程民主公开、结果科学公正,决策的制定与执行都要加强调查研究,做到"从农民中来,到农民中去",从而提高决策的预见性、科学性和有效性。

整体性原则要求必须把重庆农村人力资源开发政策创新纳入整个社会经济发展的框架中来考虑,即要根据农业现代化、新型工业化、新型城镇化和城乡统筹一体化的总体目标,根据农村经济跨越式发展和农村产业结构调整的客观要求,运用联系的、系统的观点,从提高农村人力资源质量、促进农民增收、加快农业产业化发展、带动农村经济发展,甚至从提高重庆市整体经济发展水平以及社会和谐的大局来考虑农村人力资源开发政策创新的问题,从而实现重庆农村人力资源开发政策创新在不同层面、不同时期的决策重点和途径。

超前性原则是重庆农村人力资源开发政策创新的本质要求。创新驱动发展是当今经济社会发展的主题,重庆直辖以来,重庆农村人力资源开发既有政策滞后于当前经济发展的要求。因此,为了消除当前政策的滞后性,使农村人力资源开发适应经济发展的需求,必须进行政策创新,客观上要求农村人力资源开发政策具有一定的超前性。

阶段性原则是重庆农村人力资源开发政策创新的必然准则。人力资源开发是一个系统工程,其政策创新是一个循序渐进的过程。重庆农村在不同区域的生产力水平各异,且同一区域在不同阶段的发展程度不同,其人力资源的总体质量也不相同。因此,为了适应生产力发展的需求,重庆农村人力资源开发政策创新必须根据不同地区、不同阶段的实际情况,遵循阶段性原则,正确把握战略重点,区别制定政策目标,合理调整结构层次。

二、政策创新的重点

制度是决策权力分配、决策程序、规则和方式的总和,直接反映了政策内部系统的结构、资源和功能的整合效益,是政策创新的决定性因素。近年来,重庆市政府始终贯彻党和国家的方针政策,力求解决体制固化问题,其改革取得了突破性进展,但仍不成熟。农村人力资源开发政策受制度的制约,制度供给不足在客观上限制了农村人力资源开发政策创新的空间和创新能力的提升。因此,进一步推进制度改革,是重庆农村人力资源开发政策创新的重点。

重庆市是西部经济建设的中心,其特有地貌与二元体制既彰显了全国缩影,又体现了其独特的制度体系改革特点。户籍制度改革是重庆农村人力资源开发政策创新的必要之举,须稳步推进,要兼顾社会主义新农村建设,发展农村经济,逐步实现农业现代化、专业化、规模化发展,努力促进农民增收,改善农民生产生活条件,在以工促农、以城带乡的基础上，保证城乡公共服务均等化的实现，最终达到转户农民市民化和城乡发展一体化的目标。土地制度是农村人力资源开发政策创新的基础制度。① 农村经济发展以土地资源为根本，土地资源的配置和效用不仅直接影响农村经济社会的稳定发展，而且对农村人力资源开发政策具有重大影响。重庆市直辖以来，对农民土地使用权利有了进一步保护。但是，随着市场机制在土地配置中的作用日益突出，城乡一体化建设步伐加快，农民对土地仅拥有使用权，对农民土地收益权和转让权的剥离，制约了新型农民的发展以及城乡关系的统筹协调，因此，必须加强农村土地制度改革，释放农村人力资源开发的活力。社会保障制度体系不仅是实现农村人力资源开发的保障条件，更是农村人力资源开发政策创新的平衡力量。重庆市自 2009 年实施城乡养老保险制度试点以来，建立了城乡统一的居民基本养老保险制度，并于 2014 年 4 月基本上实现全覆盖，截至 2013 年年底全市城乡居民社会养老保险参保人数达 1123 万人，参保率近 94%。但是社会保障制度的城乡不平衡性制约着农民综合素质的发展，并阻碍了农村剩余劳动力的自由转移，其中，解决贫困群众的基本生存问题是重中之重，是缩短城乡差距、维护社会稳定的必然要求。随着重庆市经济的快速发展、社会主义新农村建设的逐步推进，不同地区要根据当地经济发展情况，构建城乡衔接的社会保障制度，才能为农村人力资源开发政策创新提供保障条件。

三、政策创新的体系

从现阶段的情况和未来的发展趋势看，围绕着基本社会权利，政策制定者应当从改革性、发展性、激励性和保障性四个方面，构建农村人力资源开发政策创新体系。

(一)稳步创新

以改革性制度为核心，营造农村发展新景象。政策创新的首要前提是破除制度固化，根本方法是改革，具体内容是稳步推进城乡二元户籍、社会保障等制度改革。目前，城乡二元户籍制度背后隐藏的权利问题纷繁复杂，牵一发而动全身。如果继续将就业、工资、教育、医疗、住房、福利保障等社会权利与城镇户籍捆绑在一起，就不可能向流进城的多达 1 亿～2 亿人口的农民工开放城镇户籍，即使强行开放，也因为与众多社会权利相关联的公共物品严重短缺，或被迫中止，因此解决这

---

①宋洪远.中国农村形势政策读本[M].北京:中国农业出版社,2012:93.

个矛盾需要新思维和新路径。不妨将户籍与特定的社会权利（即特权）分离，逐渐削弱户口的含金量，将教育、就业、保障等各项社会权利与户籍分离，还户籍以人口管理的本来面目；政府与相关部门、事业单位在提供各项公共物品时，必须与户籍性质脱钩，对所有社会成员一视同仁；遇到矛盾和纠纷时，法律保护所有国民平等的社会权利。由于农民工群体中的不同个体一般不会在同一时刻、同一地点提出完全相同的需求，因而这种"化整为零"的办法既可行，也能避免过大的社会震荡，还有利于政府职能的转变和事业单位改革的深化；农村社会保障制度改革重在公平，减少各种对农村劳动者的风险损害，通过建立完善全国统筹、城乡平等的养老保险、医疗保险、工伤保险和最低生活保障制度以及农村大病保险和合作医疗制度等，形成覆盖城乡、合理有效的社会保障体系是创新的关键。

（二）积极创新

以发展性政策为主线，成就农民发展新起点。政策创新的本质意涵是发展，最终目标是实现农民的全面发展，具体内容是创新教育培训、就业创业、人才队伍建设等政策体系。农村教育是农村人力资本投资的重要途径，是农村人力资源开发的关键和重点。创新教育培训政策就是在统筹发展全局中，重庆市应当积极实施城乡教育积极互动的发展战略，把握发展与公平两条主线，具体措施包括农村基础教育、农村职业教育、农民工技能培训、进城农民工子女教育和农村成人教育等。创新就业创业政策，关键是建立健全城乡统一的劳动力市场，加快劳动力市场的信息网络建设，整合各种信息资源。统一就业管理体制，取消对农民进城就业的各种歧视性限制。加快重庆劳动中介服务机构的建设，提高就业服务制度化、专业化、社会化。引导农民就近择业或创业，实现劳动力优化配置。创新人才队伍建设政策就是将培育新型农民放在首要位置，充分结合重庆农业农村经济发展特点，既对人才队伍建设提出总体要求，又为各区县（自治县）出台配套政策留下空间，积极建设生产型人才队伍、经营型人才队伍、技能型人才队伍、科技服务型人才队伍、社会服务型人才队伍。

（三）持续创新

以激励性政策为动力，实现资源开发新路径。政策创新的持续动力是硬件与软件供给有力，根本手段是资金充分、激励有方、约束有道，具体内容是创新财税金融、激励约束等政策。进行人力资源开发政策创新，必然要求提高资本投入与支持力度，其资本类型包括农村教育资本、技术资本、农村健康资本和农民迁移资本。其投资内容包括教育培训投资，卫生健康投资和空间配置投资。劳动力激励约束机制是农村人力资源开发机制设计的重要内容，也是其政策创新的动力因素。人力资源开发的激励约束政策创新包括激励与约束两个层面。激励的目的是调动人的积极性和创造性,主要"从社会环境因素和人力资源个体的心理环境因素两个方面"[①]进行构建。农民个体的心理环境主要体现在内部原动力上,即基于需求产生的内部激励,政府、市场、农户和其他组织可以从增加物质收入、晋升机会、荣誉嘉奖、培养组织文化等方面进行供给激励、需求激励和组织激励。社会环境因素主要与社会发展水平相关,主要体现在政治、经济、文化、社会体制等外部动力上,政府的政策支持是关键。"约束就如同一种倒逼,从相反的方向约束和规范人的行为"[②],这种倒逼行为需要硬性的规章制度进行规范和协调,以目标为行动导向,采取相应手段和方法,使人力资源开发主体顺应环境需求,从而提高农村人力资本使用效率。政府应加强法律法规的制定,对市场进行监管,同时在投入方面严格审计程序。对于农村人力资源开发的具体机构和组织来说,应加强规章制度的约束性作用,建立科学的评估指标体系和绩效评估机制,并根据评估结果进行奖惩和改进创新。

(四)优化创新

以保障性政策为后盾,助推社会发展新形势。政策创新的核心要求是保障有力,根本方法是农村人口持续优化、合法权益得到强力保护,具体内容是创新人口政策、权益保护政策。对于人口政策,一是严格控制人口增长,把做好人口与计划生育工作摆到可持续发展战略的首要位置;二是建立和完善计划生育管理服务网络,坚持"以现居住地管理为主,有关部门齐抓共管,综合治理"的原则,稳定低生育水平,继续倡导晚婚晚育、少生优生;三是落实对实行计划生育家庭的奖励和优惠政策,通过发展经济和提高劳动者文化水平,增强育龄夫妇计划生育的自觉性。权益保护政策涉及劳动合同、劳动保护以及工作强度、工作时间等问题,既要从法律上建章立制,又要严肃查处严重侵犯农民及农民工合法权益的人和事。

四、政策创新的方式

重庆农村人力资源开发政策创新应坚持正确、科学的方式,其主要方式有农民首创式、政府推动式、上下互动式和相互借鉴式。

农民首创式是指新的农村人力资源开发相关政策发端于农民群众的实践活

---

①宋凡金,彭娟.城乡统筹视野下新农村人力资源开发的激励机制研究[J]社会科学战线,2011(2):260-261.

②郝婷.农民培训长效机制研究[D].陕西:西北农林科技大学,2012.

动、实践经验,并逐步被重庆市各级政府认定和肯定,通过自下而上的方式进行政策创新。农村人力资源开发政策能否从当地实际出发,能否发挥对实践的指导作用,关键在于是否尊重农民首创精神,即是要始终遵循"从农民中来,到农民中去"的决策机制,审时度势地形成重大决策,同时依照法定程序形成政策法规,使农民的首创精神在重庆市各级政府中发挥基础性作用。

政府推动式是指重庆市地方政府借助行政、经济、法律等多元手段自上而下组织实施的农村人力资源开发政策创新。目前,政府推动式是重庆农村人力资源开发政策创新的一种重要方式。政府是社会公共利益的代表,掌握着地方公共资源和信息,对政策的制定和执行有更宏观和深刻的理解。因此,重庆市各级政府在政策创新过程中起着主导作用和推动作用,是政策创新主体的核心构成部分。为了更好地改善民生、促进社会公平,要在推动农村人力资源开发政策创新过程中,加强重庆市地方政府公务人员的综合素质和政治修养,关注农民切身利益,积极回应农民诉求,从农民发展的角度切实解决城乡二元结构问题,促进公平正义的实现。同时,重庆市地方政府要经常反思、及时纠偏,在政策执行过程中善于发现问题,促进政策的不断修正、调整、总结和创新。

上下互动式是指全方位主体协调参与,共同促进农村人力资源开发政策创新,这是政策创新最为和谐和理想的方式,民众和政府都承担了各自相应的角色。农民群众通过合法性机制表达利益诉求,充分发挥政策创新的原动力作用,政府则通过敏感的、负责任的政策回应机制对农村人力资源开发政策进行创新。当然,这种理想的政策创新模式是以相应完善的行政管理体制为前提的。重庆市上下互动式政策创新的典型案例是《阳光重庆》网络平台的建立。2011年重庆市纪委、市监察局、市政府纠风办和重庆广电集团联合主办的阳光重庆网正式开通,它是多种媒体联动运行、涉及单位协作办理、专门机关监督落实,受理解决群众咨询建议、投诉举报的独立性、专业化、复合型民生服务平台。其主要功能是为群众提供政策查询、接受民众投诉;是市内专业的网络问政平台;为党政领导、政府部门报送社情民意报告,提供决策参考等。根据《阳光月报》,2015年5月关于三农问题的诉求占12%;阳光重庆民情调研中心数据显示,2014年4月1日至2015年3月31日接到社保类诉求1412件,占劳动保障类诉求的比例为58.1%,其中咨询520件,投诉873件,意见建议19件,占该类诉求的比例分别为36.8%、61.8%和1.4%。① 由此可见,《阳光重庆》栏目为上下互动式的农村人力资源开发政策创新创造了有利条件。

借鉴合作式是指地方政府之间(包括重庆市各级政府之间、重庆市政府与其他

---

① 阳光重庆 2014－2015 年社保类诉求分析报告[EB/OL].http://www.ygcq.com.cn/special/20150501/content_2416.shtml,2015－4－20.

省市政府之间,以及中央政府与地方政府之间)互相学习、相互借鉴在政策制定与执行中的经验教训,并结合当地实践进行联合与自主政策创新。借鉴合作式政策创新要求地方政府之间摒弃地方行政保护主义,加强沟通与协调,通过区域竞争中的政策合作与创新来"追赶和超越",最终实现"双赢"。

小结

重庆农村人力资源开发政策创新的目标定位与基本框架是本研究的关键问题,对宏观环境的把握是其前提。根据农村人力资源开发政策创新的理论内涵,在对重庆农村人力资源开发政策创新的时势分析基础上,结合现阶段重庆市地方政府政策创新趋势和特征,对未来重庆农村人力资源开发政策创新的目标定位与基本框架进行系统研究,能够为重庆农村人力资源开发政策创新路径的选择提供战略基础。

第九章　重庆农村人力资源开发政策创新的机制设计

政策"博弈"的概念就是理性的决策者处于相互依赖的选择当中,"博弈者"必须调整其行为,不仅要考虑自己的愿望和能力,还要预料其他政策主体的行为。[①]因此,政策的有效实施需要依托健全的主体机制设计。在双向划分的政策结构体系与"三位一体"机制联动的基础上,以政策实例设计重庆农村人力资源开发政策创新的主体协调机制,是本章研究的重点。

第一节　基于双向划分的政策结构体系

政策创新的主导性机构是政府,政府通常以公共政策的表现形式对社会进行有效治理。围绕着基本的社会权利,政策制定者应当从具体政策出发,为农村人力资源开发提供政策架构体系。

一、具体政策解读

根据重庆农村人力资源开发既有政策框架以及未来的发展趋势来看,农村人力资源开发的具体政策如下。

一是教育培训政策。农村教育是农村人力资本投资的重要途径,是农村人力资源开发的关键和重点。重庆在统筹发展全局中,应当积极实施城乡教育积极互动的发展战略,把握发展与公平两条主线。内容包括农村基础教育、农村职业教育、农民工技能培训、进城农民工子女教育和农村成人教育等。

二是户籍改革政策。目前,城乡户籍分治不是一个简单的"取消"或"保留"的

---

①托马斯·R.戴伊著;谢明译.理解公共政策(第十二版)[M].北京:中国人民大学出版社,2010.

问题,背后隐藏的权利问题纷繁复杂,牵一发而动全身。如果继续将就业、工资、教育、医疗、住房、福利保障等社会权利与城镇户籍捆绑在一起,就不可能向流进城市的多达1亿~2亿人口的农民工开放城镇户籍,即使强行开放,因为与众多社会权利相关联的公共物品严重短缺,或被迫中止.解决这个矛盾需要新思维和新路径。不妨将户籍与特定的社会权利(即特权)分离,逐渐削弱户口的含金量,将教育、就业、保障等各项社会权利与户籍分离,还户籍以人口管理的本来面目;政府与相关部门、事业单位在提供各项公共物品时,必须与户籍性质脱钩,对所有社会成员一视同仁;遇到矛盾和纠纷时,法律保护所有国民平等的社会权利。由于农民工群体中的不同个体一般不会在同一时刻、同一地点提出完全相同的需求,因而这种"化整为零"的办法既可行,也能避免过大的社会震荡,还利于政府职能的转变和事业单位改革的深化。公安部拟"取消农业、非农业户籍界限,建立城乡统一的户籍登记制度",一旦实行,这应该是个好的开端,至少体现了对人的价值的尊重。

三是就业创业政策。重庆要建立健全城乡统一的劳动力市场,必须加快劳动力市场的信息网络建设,整合各种信息资源;统一就业管理体制,取消对农民进城就业的各种歧视性限制;加快重庆劳动中介服务机构的建设,提高就业服务制度化、专业化、社会化;引导农民就近择业或创业,实现劳动力优化配置。

四是人才队伍建设政策。从重庆实际情况出发,创新培养模式,完善激励措施,加强农村人才队伍的建设。切实加强对农村人才队伍建设工作的组织领导。建立党委统一领导,相关部门各司其职、协调配合的工作格局;大力培养和造就一批"三新"农村人才。通过帮培带动、专家传授、校镇合作、企业帮带、协会培训、科技下乡等多种形式,探索农村人才队伍开发培养的有效途径,培养出一批能够应用新技术、示范新品种的农村实用人才,培育出符合都市型现代农业发展方向的新产业,探索出以点带面开发培养农村人才队伍的新路子;积极营造广大农村劳动者成长成才的良好环境。支持农村人才创办农业产业化示范企业、兴办经济实体和领办农村合作经济组织,鼓励、引导农村实用人才按区域、行业和产业组建各种协会;不断完善农村人才队伍建设服务体系。建立和完善农村人才队伍数据库,实现农村人才队伍的信息化、网络化管理,加大对农村人才队伍建设工作的资金投入,形成逐年增长的长效机制。

五是财税金融政策。进行人力资源开发,必然要求提高资本投入与支持力度。其资本类型包括农村教育资本、技术资本、农村健康资本和农民迁移资本。其投资内容包括教育培训投资、卫生健康投资和空间配置投资。

六是激励约束政策。劳动力激励约束机制也是农村人力资源开发机制设计的重要内容,它是农村人力资源开发的动力因素。人力资源开发的激励约束机制包括激励机制与约束机制两个层面。

七是社会保障政策。完善农村社会保障机制,减少各种对农村劳动者的风险损害,通过建立完善全国统筹、城乡平等的养老保险、医疗保险、工伤保险和最低生活保障制度以及农村大病保险和合作医疗制度等,形成覆盖城乡、合理有效的社会保障体系。

八是权益保护政策。这涉及劳动合同、劳动保护以及工作强度、工作时间等问题,既要从法律上建章立制,又要严肃查处严重侵犯农民工合法权益的人和事。

二、政策架构体系

上述八个政策议题在横向上有两种取向:一是问题取向,二是激励取向;在纵向上有两个阶段:一是保障型,二是发展型。八个政策议题在双向划分的结构体系中可以有如下的分类,如图 9-1 所示。随着社会转型与发展的深入,即使有新的政策议题涌现出来,也可以将其纳入这一系统的政策框架中进行考虑,而不是"头痛医头,脚痛医脚""就事论事"。同时,农村人力资源开发问题也应被分解到社会管理的各个可操作性的层面。

根据需要层次理论,人首先满足的是低层次的需要,然后再向高层次逐步递进。因此保障型政策要优先于发展型政策,问题取向型政策要迫切于激励取向型政策。由此,这八个政策议题就有了一个轻重缓急的顺序:保障型的问题取向政策应该最优先考虑,然后依次是保障型的激励取向政策、发展型的问题取向政策,最后才是发展型的激励取向政策。

图 9-1　双向划分的政策结构体系

第二节　机制设计：基于"三位一体"的联动机制

协调是对政策系统内多元化主体之间的动态相互作用关系及其程度的反映。2011年《重庆市农村实用人才队伍建设规划》中关于实用人才建设的工作原则明确提出"政府主导，公民参与"。在特定经济背景下，农村人力资源开发与管理不能依靠某一因素的单独作用，而是公共部门、社会和市场通力合作，相互制约、相互影响的过程。因此，有效的人力资源开发需要依托健全的机制设计，"角色定位、关系到位、动力上位"是农村人力资源开发机制设计的关键，更是保证政策产生联动效应的力量集合。构建"政府主导带动，农村内生推动，市场良性互动"的"三位一体"的农村人力资源开发机制是当前新农村建设、统筹城乡发展的必然趋势，如图9-2所示。

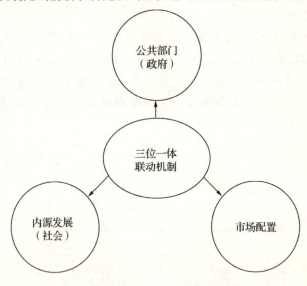

图 9-2　"三位一体"联动机制模型

一、政府主导机制

政府在农村人力资源开发中发挥主导作用，这是由我国的农村经济条件决定的。

重庆素有"大城市带大农村"的称谓,农村经济发展水平低,劳动力具有流动性以及农户受生产生活的限制,市场、农户都不能单独成为人力资本投资的主体。政府作为公共部门,是公共物品及服务的提供者,更是承担农村基础教育、医疗保障、就业环境保障的组织机构。因此,建立政府主导机制,是实现农村人力资源开发的基础。

首先,政府应建立法律法规,为农村人力资源的开发与管理提供法律保障,这涉及农村劳动力流动、权益维护、就业平等等重要方面。因此,政府应转变观念,建立一套适合重庆农村人力资源开发现状的地方性法律法规,包括农民教育与培训、社会保障、医疗卫生、就业公平等。其次,政府要明确各部门职责,充分发挥农委(农办)、人事部门、科技和涉农部门、教育部门、财政部门等的作用,积极协调,从而实现"部门牵头、归口管理、科学规划、人才兴农"的农村人力资源战略管理工作。再次,政府应建立农村劳动力转移的组织机制,我国农村劳动力转移独具"中国路径"[①],城镇化、工业化与人口流动是分阶段完成的,城镇化滞后于人口流动,工业化落后于城镇化。因此,要实现城乡统筹,社会稳定,必然要求政府对农村剩余劳动力的有效组织,将其纳入调控体系当中。最后,政府要以提供优质高效的公共服务为主要职责,建立统一的劳动力市场和公共就业服务体系,及时提供各类就业信息,形成就业预警机制,引导农民学习科学技能,同时增加农村公共资源的硬件设施与软件服务,振兴农村经济。

二、内源发展机制

内源发展机制是指农村人力资源开发以乡村基层组织、农民组织、农业专业协会、乡镇企业等组织形式来带动农民自主学习,增强劳动者的科学文化素质、劳动技能,并通过个体或群体的学习来调动整个地区学习的积极性,从而形成从下到上、从内到外的联动发展机制。内源发展机制是农村人力资源开发的根本保障。

乡村支部主要负责党的思想教育,各种协会承担专业性的人才组织管理,乡镇企业则根据市场需要进行人才培训。这种内源发展模式促使农村文化、教育结构、培训内容的多元化发展,是农村人力资源开发的持续性动力。农业专业协会是介于公司和农户之间的准合作经济组织,也是行政辅助机构,它通过向农户提供资金帮助和技术支持,从而使农村劳动力获得专业性的就业技能。截至 2013 年 6 月,重庆市各类农村合作经济组织总数为 23695 个,其中农民专业合作社 17792 个,股

---

①王秀芳,张玮玮.农村人力资源开发中政府参与现状及对策[J].江南社会学院学报,2011(4):67—71.

份合作社 2134 个；农村综合服务社 2312 个，协会组织 1457 个，全市加入农民合作组织的农户达 329.1 万户。农村合作经济组织的快速发展，成为推动农村人力资源开发的重要力量，进一步拓展"农超对接""农校对接""农社对接"等多种形式的新型合作经济组织，是当前发展的主要趋势。另一方面，乡镇企业大多是农村自主创业形成的，企业在自主经营中获得盈利，同时也带动了农村经济的发展，提高了农民的技能和素质。因此，将企业融入农业产业，塑造农村创业环境，是增加农民收入、提高劳动力质量的有效方式。

三、市场运作机制

建立农村人才市场，实现农村人力资源的合理流动，发挥市场在人才要素中的基础性配置作用，必然要求构建网络化的劳动力市场运作机制。

据国家统计局调查，2013 年上半年农村居民现金收入、家庭经营收入、工资性收入、转移性收入、财产性收入，同比增长分别为 9.2%、7.6%、16.8%、14.4%、22.6%，工资性收入是继财产性收入后增长速度最快的，对农民的贡献率高达 51.8%。显然，非农就业成为农民增收的最大动力来源，逐步建立城乡统筹的人才市场运作机制是必然选择。打破城乡二元分割体制，实行统一的劳动力市场和平等就业机制，要求建立公平、公开化的人才交流平台并连接跨城乡、跨区域的实时信息网络，推进人才市场信息化、高效化。政府要及时准确地统计和发布高质量就业信息，进行人口失业统计和再就业培训，建立人才资源库；同时要培育社会中介组织，完善人力资源中介服务的相关产业链，从而在用人单位与就业者、人才流动与职业转换之间建立劳动力市场的供需平衡关系。

第三节　实例探究：政策创新主体协调的机制构建

所谓主体协调机制，就是在遵循农民发展规律、农村发展规律以及人类社会发展规律和趋势的基本前提下，使农村人力资源开发政策系统中的各个主体，即政府、农村、农民以及市场等要素之间相互适应、相互配合、相互协作、相互促进，从而达到一种良性循环态势。在以上双向划分的政策结构体系和"三位一体"的机制模型分析的基础上，运用政策实例对重庆农村人力资源开发政策创新的协调机制进行构建,旨在为重庆农村人力资源开发政策创新的机制设计及其方案落实提供经验借鉴。

一、"保障—问题型"政策创新机制设计——以就业政策为例

长期以来,城乡劳动力配置带有明显的城乡分割特点。进城务工的农村劳动力由于户口限制,只能成为城市中的暂住者和岗位上的临时工。迄今为止,重庆几乎大多数城市企业在招工简章中,仍然把是否具备重庆本地户口作为先决条件。1994年,当时的劳动部制定了《农村劳动力跨省流动就业管理暂行规定》,其中第5条明文规定:只有在本地劳动力无法满足需求,并符合下列条件之一的,用人单位才可以跨省招用农村劳动力:1.经劳动就业服务机构核准,确属本地劳动力普遍短缺,需跨省招用人员;2.用人单位需招收人员的行业、工种,属于劳动就业服务机构核准的,在本地招足所需人员的行业与工种;3.不属于上述情况,但用人单位在规定的范围和期限内无法招到或招足所需人员。同时还规定,农村劳动力外出务工之前,必须领取外出务工就业登记卡。目前这种对农民工的就业限制制度仍然在全国各城市普遍存在,重庆的一些地方政府为确保城市居民充分就业,针对农民的就业范围做了一些人为的强制性限制,如就业的行业和工种。另外,重庆市政府办公厅《研究人力资源和社会保障工作专题会议纪要》(专题会议纪要2010-224)要求在每个社区(村)配备1名就业社保协理员,充实就业社保工作一线力量,夯实城乡就业和社会保障工作基础。但村(居)委就业社保干部队伍力量薄弱、服务能力不强的问题日益突出,成为制约人力资源就业可持续发展的瓶颈。

通过上述政策解读可以发现,现行政策对农村人力资源的就业存在着严重的歧视,主要是长期以来公共部门的制度安排问题。在"三位一体"模型的约束下,要求农村人力资源就业政策,一方面要逐步减少对农民工就业的行业、工种的限制,尽量减少行政干预,让市场充分发挥选择和淘汰功能;另一方面,要进一步挖掘非正规就业市场,让农民工和城市居民在就业市场上和谐竞争,在产业结构上实现均衡配置。目前,第二产业吸纳劳动力的能力在下降,如果继续将农民工的就业领域限制在第二产业内,不仅严重歧视农民工,也妨碍了城市第三产业的发展。因此,大力发展第三产业,让外来农民工与城市居民在第三产业特别是其中的非正规就业领域公平竞争,是最主要的制度安排。

二、"保障—激励型"政策创新机制设计——以社会保障政策为例

在二元经济社会结构下,公共财政的城乡分配不均导致农村的社会保障制度长期缺失。2009 年重庆市出台的《重庆市人民政府关于开展城乡居民社会养老保险试点工作的通知》明文规定"符合参保条件且自愿参加居民养老保险的城乡居民,持本人居民身份证及户口簿到户籍地所在乡镇(街道)社会保障服务所申报参加居民养老保险"。这与农村外出务工劳动力的生活脱节,在城乡户籍差别制度、就业等级制度和城乡差别的社会保障制度下,束缚了农村剩余劳动力的有效转移,这种"不流动的陷阱"导致农村人力资本的低水平积累。

通过"三位一体"模型来考察,农村人力资源社会保障政策的建构应该是一个公共部门制度安排与社会帮扶相互调整的问题。根据目前农村和农民的现状,重庆农村社会安全网应该是政府和社会通力合作,为农民尤其是贫困农民提供的一种普遍的、预设的制度安排框架。根据实际,重庆的农村社会安全网的建设应当以农村社会保障制度为中心,进行多样化、系统化的制度建设。一是建设以政府为主导的基本社会保障制度,形成低水平、大范围、覆盖广的保障体系,保持农村社会的稳定;二是建立"以家庭养老为主,社会养老为辅"的农村社会养老保险体系。根据不同地区的实际情况,充分发挥乡村社区互助和道德文化的优势,以多种形式解决农村养老问题。

三、"发展—问题型"政策创新机制设计—以教育培训政策为例

2003 年,国务院做出进一步加强农村教育工作的决定,召开了中华人民共和国成立以来第一次全国农村教育工作会议,明确了农村教育在教育工作中重中之重的战略地位,决定新增教育经费主要用于农村,用更大的精力和更多的财力,重点加强农村义务教育。2005 年,国务院决定建立农村义务教育经费保障新机制,将农村义务教育全面纳入国家财政保障范围。2006 年,新修订的《中华人民共和国义务教育法》进一步明确了各级政府举办义务教育的责任,对国家财政全面保障义务教育所需经费、实施素质教育和促进义务教育均衡发展等重大问题做出了法律规定。2007 年,全国"两基"人口覆盖率达到 99%,青壮年文盲率进一步下降到3.58%,免费义务教育在全国农村全面实现。

从"三位一体"模型来说,农村教育问题,并非缺乏制度安排所造成,而是因为:一是政府制度安排不合理。当前的农村教育是一种不以农村和农民为主体的教育

模式。重庆的农村教育结构主要由三大块构成,即基础教育、职业教育和成人教育,但分布存在明显的地区差异。多数农村地区教育结构单一,普通中小学教育发展较快,职业教育和成人教育相对薄弱,农村劳动者的职前教育及岗位培训有待完善。二是政策没有得到有效贯彻。在分级管理的体制下,如果没有明确规定教育经费的来源,那么再好的政策也只能是一纸空文。三是社会参与不到位,随着农村流动人口的增加,留守儿童教育问题突出,在教育发展模式中社会参与越来越占据重要地位。如"社区互助模式"通过整合社区各方面教育资源,共同促进儿童健康成长;"代理家长模式"由地方政府出面,全面动员有帮扶能力的社会组织或个人担任留守儿童代理家长。

四、"发展—激励型"政策创新机制设计——以投资支持政策为例

根据第六次人口普查资料,重庆农村人口有 2366.66 万人,文盲率高达 6.4%,说明农村人力资源开发还有很大的提升空间,这需要加大财税金融支持力度。但是,就目前来看,重庆市政府对农村人力资源开发的投入是极其薄弱的,据统计,2012 年重庆地方固定资产总投资为 93800012 万元,其中农村固定资产投资为 9179664 万元,仅占总投资的 9.79%。教育和医疗卫生是提升农村人力资源素质最关键的两个因素,但是政府的投入存在着较大的城乡差异。

从"三位一体"联动机制来看,要使农村人力资源开发政策实现创新,财税金融是首要问题,紧靠政府投资是远远不够的,还需要社会参与和市场资源的有效配置,实行农村人力资源开发主体多元化是今后发展的必然趋势。

小结

重庆目前的农村人力资源开发水平还不高,与经济发展还不相匹配。重庆要进一步推动农村人力资源开发政策创新,必须立足重庆实际,从协调处理好农村人力资源开发政策系统各要素之间的关系出发,具体协调好政府、农民和农村内部、市场等主体的动态运作关系,从而铺就一个"政府主导带动、农村内生推动、市场良性互动"的"三位一体"联动机制协调路径,为重庆农村人力资源开发政策创新打下坚实的基础。

第十章　重庆农村人力资源开发政策创新的对策建议

理论分析和实证研究均表明,重庆农村人力资源开发政策为农村经济及全市社会稳定发展做出了突出贡献,农村人力资源在社会经济发展过程中日益占据重要地位。但是,在重庆市建设发展的新阶段,农村人力资源开发遭遇瓶颈期,关键在于农村人力资源开发政策效应释放不足。当前形势下,要同步推进"四化",实现全面小康社会,必然要求将人口压力转变为人口动力,进一步说,即是要实现农村人力资源开发政策创新,其核心内容包括制度环境、政策制定系统、政策执行系统、农村经济等四项内容的改革与创新。

第一节　识别政策供需矛盾,形成政策创新的生态环境

创新的动因既存在于现实发展的需求之中,亦在于制度环境之内。制度体系是决策权力分配、决策程序、规则和方式的总和,直接反映了政策内部系统的结构、资源和功能的整合效益,是政策创新的决定性因素,而制度改革是打破政策供需矛盾的关键所在。近年来,重庆市政府始终贯彻党和国家的方针政策,力求解决体制固化问题,其改革取得了突破性进展,但仍不成熟。农村人力资源开发政策受制度体系的制约,制度供给不足在客观上限制了农村人力资源开发政策创新的空间和创新能力的提升。因此,通过深化制度体系改革,提供充分的制度生态环境,是重庆农村人力资源开发政策创新的基础条件。

一、政策供给与农民发展需求的契合化

农村人力资源开发政策创新的活跃,是由政策创新需求和政策创新供给共同作用而激发的。城乡经济差距拉大、农村发展落后、农民素质偏低、配置结构不合理等亟须农村人力资源的有效开发,通过农民发展带动农村经济增长是当前任务

的核心。农村人力资源开发政策是政府推动农民发展，满足农村经济增长、促进社会和谐等需求的手段。因此，根据重庆农村发展实际，了解农民发展需求，出台契合全市经济发展的农村人力资源开发政策，是实现政策创新的基础前提。

农民是农村经济发展的主力军，同时也是全市社会经济全面协调发展的关键力量，解决农民发展问题刻不容缓。通过对农村人力资源开发政策的执行，不断总结农民对政策的需求，目的是对农村人力资源开发政策给予持续完善和创新。农村人力资源开发政策是一个政策集合，它以农民发展为核心任务，在不同的阶段有不同的具体目标，每一项具体政策的执行都是其他政策顺利执行的基础。农民更看重在政策执行中切身利益的实现度，如果利益得到了满足，农民会进一步表达其利益需求，对农民话语权的尊重使农村人力资源开发政策进入一种良性循环。在农村人力资源开发政策制定与执行过程中，政府是组织者、规划者，但不是强迫命令者，要充分尊重农民的话语权和发展权，从实际出发，尊重农民意愿，加强民主决策。坚持尊重和保护农民的首创精神，牢牢把握政策创新的工作路线，切实尊重农民的主体地位和实践创造，善于总结概括农民实践经验并提炼上升为全局性政策，结合农民发展的需求完善和创新政策，从而调动农民的积极性、主动性、创造性，使各项政策举措更好地指导实践、凝聚力量、推动发展。

二、政策落地，实现政策创新的本土化

重庆农村人力资源开发政策创新最根本的是在创造性地贯彻落实中央大政方针的基础上，创造性地制定和实施具有重庆市区域特色的地方性农村人力资源开发政策。重庆自 2007 年成为全国统筹城乡综合配套改革试验区以来，充分发挥了农村人力资源开发政策在推动农村经济发展中的作用。进入新时期新阶段，要认真总结政策变迁的经验，深化对政策创新规律的认识，进一步将农村人力资源开发政策创新本土化，不断提高政策创新水平。

一是注重政策试点，即政策在实践中所特有的一种政策测试与创新机制。政策方案一旦付诸执行，在某种程度上意味着政策在理论上的完全理性，决策者往往不能从中找到不足，只有在实践中去发现问题。因此，试点是政策执行的关键环节，执行者须切实尊重农民意愿，派工作组、监督员到试点地区，倾听农民的反映，及时总结反馈，保证政策方案的实践可行性。

二是融合区域性特点，坚定不移地把各项政策落到实处。农村人力资源开发政策创新必须注重实际效果。政策的实施和落实是政策创新的重要环节，也是实现政策目标的唯一途径。在政策制定之前，要进行区域性调研，根据重庆市发展情况，制定符合新农村建设以及城乡经济发展规律的农村人力资源开发政策；在政

贯彻执行过程中,要进一步加强政策宣传,本着能公开尽量公开的原则,通过报刊、广播、电视、互联网等媒体及时对外发布政策、宣讲政策,使新的政策理念、政策举措在全社会范围内达成共识,促进政策的贯彻落实。同时,要进一步加强对政策实施的监测,建立健全政策跟踪体系和绩效评估体系,及时根据政策实施效果对政策举措进行修正,确保政策的有效性和针对性。要进一步加大政策督查力度,科学分解任务,明确责任制,定期或不定期对政策执行情况进行督促检查,切实克服和消除"上有政策、下有对策"等政策博弈的负面影响,确保各项农村人力资源开发政策真正落到实处、见到成效。

三、制度改革,营造创新环境的生态化

通过对二元户籍制度改革、农村土地制度改革和社会保障制度改革,形成充分的制度生态环境是重庆农村人力资源开发政策创新的前提基础。

一是二元户籍制度改革。其实质是将户籍制度与福利分配功能区别开来,使管理功能归位。户籍制度改革不是立即取消二元化体制,而是在考虑重庆经济社会发展实际的基础上,逐步放宽中小城镇的落户条件,将农民的合法权益放在首要位置,以城镇化、工业化、农业现代化和城乡发展一体化等"四化"发展为形势依托,实现农民转户的有效引导和有序转移,并使公共服务均等化同步跟进。在具体改革过程中,须将重心放在三步走战略上,即规划落实—权益保障—解决实际问题。首先,分类筹划,承接有度。重庆主城及各区县的经济发展和农村条件差异明显,应根据承接力度实行分类分级方法,合理解决农村居民转户问题。由于主城区容纳力度有限,应采取适当返款原则。区县城镇是当前发展的中坚力量,应采取进一步放开原则。乡镇发展资源不足,要采取全面放开自愿原则,鼓励农村人力资源就地转移,支持乡镇经济发展。其次,保障权益,增加实惠。积极解决转户居民退出承包地的补偿问题,明确宅基地的使用权和经营权问题,科学规划土地用途。对于社会保障,如养老保险、低保、医疗卫生等方面,采取与城市当地居民同等待遇措施,努力提高农民转户后的生活质量。最后,跟进改革,解决问题。对农村人口和非农产业人口已落户城镇的,要着力解决转户居民与城镇居民的接轨问题,使各项权益与保障统一化,关键是帮助转户居民再社会化,以适应城镇文化、居住、就业等。尤其要解决城镇建设重要力量——农民工的劳动报酬、子女教育、技能培训、居住条件等突出问题。

二是土地制度改革。2014年12月,中国土地勘测规划院颁布了《2014年中国土地政策蓝皮书》,在回顾和评价2014年土地政策的基础上,对2015年的土地政策做了基本预判。重庆市作为西部发展中心,必须将土地制度改革持续重点推进,

力求以增强经济发展质量和效益为中心,使土地资源利用融入经济发展新常态,不断提高农业现代化,转变经济发展方式。首先,落实耕地保护制度。重庆市地少人多,人地资源矛盾突出,必须合理规划城乡建设用地,逐步建立起耕地保护的利益补偿机制,重视以经济手段激励农民保护耕地,增强土地的利用效率。其次,完善农用土地权利管理制度。必须将农民土地承包经营权落到实处,依法保障农地用户对土地的占有、使用与收益等权利。同时,规范农村土地流转管理和服务,通过明晰土地产权、增强市场经济配置功能,允许农民以转包、出租、转让、股份合作等方式流转土地,从而释放农村剩余劳动力。最后,加强对宅基地的管理。在尊重农民意愿、保障农民权益的前提下,集中进行宅基地建设,以促进农村经济的集聚效应,提高农民生活质量,尤其在城镇化过程中,必须依法保障转户农民对宅基地的处置权和退出补偿权。

三是社会保障制度改革。社会保障制度改革,信息宣传是前提,资金投入是关键,体系建设是核心。首先,制度宣传到位,鼓励农民自愿参保。农民既是改革力量的先锋,又是政策的被动接受者。受到当地文化和经济发展程度的影响,农民对于认识和接受相关社会保障制度需要一个过程。因此,加强社会保障各项政策的宣传力度,是深化社会保障制度改革的前提条件。重庆市各级政府须成立专门小组深入农村基层,以通俗易懂之法加以宣传和引导,使农民在深刻认识社会保障制度的基础上自愿加入、积极参保。其次,加大资金投入力度,促进社会保障全覆盖。社会保障的资金投入是政府、企业和社会共同承担的结果,资金和资源向城市倾斜是导致城乡社会保障差距拉大的直接原因。因此,构建城乡衔接的社会保障制度,必须加大资金向农村的筹集力度。政府要根据广覆盖、保基本、错层次、可持续的基本方针,增加公共财政投入,企业需根据自身发展情况,按照投保比例规范社保投入。同时,对于资金的使用情况要进行全面监控,使社会保障资金专款专用。最后,完善社会保障体系。一是建立城乡统一的社会养老保险制度。要进一步完善养老保险制度,必须结合市情、民情,增加保险缴纳等级,逐步推行梯次补贴政策。二是提高农村最低生活保障标准。最低生活保障是农村贫困群众维持基本生活的直接收入来源,保障对象主要是贫困线下的农村居民,不同地区要根据当地经济发展情况,动态管理最低保障标准和保障对象范围,并及时向社会公示。三是完善新型农村合作医疗制度。"新农合"专项资金主要是对农民大额医疗费用进行补助,须加大力度建立新农合统筹模式,重庆市要根据各城市和区县的医疗水平,逐步确立差异性的医疗费用补偿模式和标准。

第二节　提高政策制定能力，促成制定系统的科学整合

政策系统的输入能力和输出能力对政策创新起着决定性的影响作用，这种能力主要通过政策制定系统和政策执行系统的效率和效能体现出来。各级政策系统是农村人力资源开发政策创新的形成载体。实现农村人力资源开发政策创新，前提是政策制定系统的开放化和科学化。通过农民素质的提高和信息渠道的畅通，完善农民利益表达机制；通过改革系统管理体制和提高官员综合素质，科学整合系统内部结构，是优化农村人力资源开发政策制定系统的必然途径。

一、助推人力资源结构升级，完善利益表达机制

利益表达在政策系统中就是系统输入和系统支持，决定着政策的形成。政策制定者要求更多的信息以促进政策质量，这通常需要依赖更多的群众参与。农民是农村人力资源开发政策的客体，是政策创新过程中的参与主体。农民的意见能够真实地通过合法的渠道转化为公共信息，既能表达自身的利益要求，又能为政府的科学决策提供保障。而要真正做到这一点，需要意见表达渠道的畅通和农民素质的提高。因此，重视农民发展问题，并从整体上提升农民的综合素质，实现农村人力资源结构升级，并在农民利益表达机制完善的基础上提高农民在政策参与中的积极性、主动性和能动性，是保证政策合法性、有效性的基本要求，同时也为农村人力资源开发政策的制定和实施提供了人力保障和智力支持，是实现重庆农村人力资源开发政策创新的有效保障。解决农民发展问题，关键内容是培育新型农民、激活人力资本和提高劳动效益。

一是培育现代化新型农民。这是建设社会主义新农村的内在要求，也是重庆农村人力资源开发的目标要求，新型农民的培养和利用给推进农村人力资源开发政策创新提供了重要人才支撑。所谓新型农民，2013年《重庆市万名新型职业农民培育试点方案》将其定义为"有文化、懂技术、会经营、善合作"的新型职业农民。培育新型农民，关键在于新型农民开发模式的科学选择，即从职能角度进行探索，重点研究农业技能型人才和农村干部型人才的开发模式。1.积极探索农业技能型人才的专业培训开发模式。农业技能型人才作为农村致富的力量源泉，必须在农

业经济发展和现代化技术更新动态中进行专业技能实时培训。根据重庆市农业区域特色及其品牌产业,结合各区县农民具体要求,以种养业专业大户、农民合作社、家庭农场等为主要对象,可以采取"政府＋龙头企业"(即以政府为主导,政企合资办班,主要培养龙头企业需要的专业人才,加强基地农民与企业的合作共赢)、"农机校＋职业学院"(即以农机专业合作社成员为主要培训对象,对农机操作及维修技能的实用技能培训,提高农业产业的机械化生产效率)、"涉农院校培训"(根据市内各院校专业设置特点,自主开展青年农民创业、畜牧养殖、农业生态旅游、农业生产技能和经营管理等各个培训项目)等多种开发模式。2.积极探索农村干部型人才的双培双带开发模式。农村干部型人才在新型农民群体中承担管理者和领导者的角色,对干部型人才的开发目标主要是培养新农村带头人,他们是农村致富的排头兵,其主要特点除了兼具新型职业农民的技能外,还必须具备管理能力和决策能力。重庆要加强对农村干部型人才的培养,需采取"双培双带"的开发模式,即以党组织为核心,以新农村带头人为骨干,以群众为基础,在积极贯彻党的先进理念和先进生产力的基础上,将致富带头人中的先进分子发展为党员,并采取党校培训为重点、党员活动室为载体的多种培训方式,提高带头人的科学技术水平、管理水平和思想觉悟,使其承担农村经济发展和建设中的领导干部角色,并充分发挥其在农村的带头致富作用。

二是激活农村人力资本。必须筑基在农村人力资源整体科学文化素质和身体健康素质的提升上,农村教育和医疗卫生保健是农村人力资本投资的两大基本途径,是农村人力资源开发政策创新的关键和重点。重庆市城乡经济在不平衡增长中相互牵制,阻碍了全市社会经济协调可持续发展。因此,农村教育与医疗卫生保健须以城乡均衡互动为发展前提,重点把握公平,稳抓发展主线。1.合理规划农村教育结构。建立多层次教育结构、着力发展三类教育是重庆实现农村均衡教育的当务之急。首先,持续加强农村基础教育。农村基础教育是提升农村人力资源文化素质的起点,更是农村教育的基础部分。重庆市要逐步改善贫困山区办学条件,大力加强基础设施建设,重视留守儿童和农民工子女的教育问题,着力提高农村教师的工资待遇和社会地位。其次,面向市场,明确职业教育发展路线。职业教育是农村教育的重要组成部分,具有实用性和技能性特点,并随着产业结构调整和科技进步不断更新。重庆市农村职业教育必须结合当地经济发展特点,将专业设置与产业发展相结合,充分利用资源优势,培养农村专业技能人才。最后,建立健全农村成人教育。针对重庆市当前对成人教育认识不足、管理不规范等状况,应当尽快建立分级制教育体系,即以村级扫盲教育为基础,以县(镇)级实用技能教育为主力,以高等农业院校(如西南大学)等社会教育培养高层次人才为依托,形成层次有序、分级教育的成人教育体系。2.发展农村医疗卫生事业。医疗卫生事业是增强农村人力资源身体素质的强力保障,同时也是政府公共投资的重要部分。一方面,重庆市各区县经济发展程度差异较大,资金投入问题成为改善农村医疗卫生条件、提高农民健康水平的关键制约因素。因此,须以政策法律为主要调控手段,合理分配医疗卫生财政资金,并辅之以市场竞争机制,构建"以防为主,保健结合"的专项资金投入体系,同时加强医疗服务机构的监管作用。另一方面,针对重庆市当前行政体制,应尽快建立健全"三级"医疗卫生服务体系,即坚持县级指导、乡级管理和村级覆盖,明确各级职责功能,逐步完善新农村合作医疗、农村医疗救助、农民卫生保健等制度,构建农村医疗卫生网络,实现农村医疗卫生事业的全面覆盖和公平发展。

二、加强政策管理体制建设,提高政策系统效率

建立科学合理的政策管理体制,理顺各级政策系统关系,规范政策系统行为和职能配置,实现政策制定系统的科学管理,是助推农村人力资源开发政策创新的必要前提。

一是在适度集权模式下健全政策系统利益协调机制。重庆市农村人力资源开发政策创新,既是重庆市地方政府充分发挥政策职权的结果,又是各级政策系统利益博弈的过程。因此,中央政府和地方政府之间的关系直接影响政策创新的效果。中央集权是中央法律政策能够被地方有效贯彻的保障,但是过度集权又会削弱地方政府维护自身权益和自主创新的能力。因此,在政策利益权威性分配过程中,坚持中央适度集权原则,建立中央与地方的利益协调机制,在宏观调控下充分发挥地方政府的自主性、自治性,才能使地方政府既能够保证中央政策目标不偏离,又能根据特殊市情实现农村人力资源开发政策创新。

二是减少地方政府管理层级,实现扁平化管理体制。一方面,政策系统的管理层级在一定程度上与政策创新呈负相关关系。通信技术日益发达、交通环境日益便利已为扁平化管理体制的建立创造了条件,重庆已基本形成以主城区为中心的短时交通圈,政府可以在减少管理层级的同时扩大管理幅度。另一方面,政府管理层级越少,信息传递的时效性和真实性越高,进而政策执行效率越高,政策创新效果则越佳。因此,重庆市各级地方政府应尽快解决行政机构规模调整问题,减少地方政府微观管理职能,逐步实现乡镇自治,使农民利益表达机制顺畅,通过管理体制改革促进政策创新。

三、擢升官员政策综合素质，增强系统行为能力

政策系统既是农村人力资源政策的制定主体，又是执行主体，研究农村人力资源政策创新问题，必须综合考虑系统各个因素的共同作用。在政策制定与执行各环节中，归根到底人是主要因素，即政策创新始终依赖于地方政府的政策制定者和执行者。重庆农村人力资源开发政策创新是权威性的利益分配过程，直接依赖于重庆市各级地方政府官员的政策行为。因此，提高地方政府官员综合素质，规范政策行为，依法履行政策职能，是重庆农村人力资源开发政策创新能够有效规避主观偏离的关键所在。

地方政府官员的政策综合素质包括政治素养、知识结构和心理素质三个方面。其中，政治素养是政府官员应该具备的基本素质。政治素养是指通过政治文化、政治标准和政治信仰的社会化，形成的一种长期而稳定的政治态度。这种政治态度通常通过政策行为表现出来。因此，要不断提高官员政治素养，并通过持续学习来加强政治社会化，才能帮助政府官员形成正确的政策制定行为倾向。知识结构是政府官员拥有信息资源的直接体现。信息资源尤其是社会科学知识的掌握程度对于减少政策创新成本具有重要作用。政府官员应该努力形成一个知识共享、优势互补的团体，不断提升整个系统的历史研究能力、比较研究能力和跨学科分析能力，才能充分掌握和运用改革技巧，实现有效的政策创新。在政策创新层面，心理素质意味着政府官员的创造性思维，它是实现政策创新的直接动力。农村人力资源开发政策是在历史发展过程中，经过"合理质疑—发现问题—深入探索—提出创新思路—执行创新—反馈效果"的不断循环而实现创新，政策创新的起点在于创新思维的发散及其合理性质疑的提出。因此，重庆地方政府官员要不断培养和运用创造性思维，敢于突破陈规、标新立异，努力向智囊团靠拢，才能在新形势下使重庆农村人力资源开发政策达到创新目标。

第三节 提升政策执行能力，保证执行系统的目标完成

重庆市农村人力资源开发政策的执行系统更直观地表现为重庆市各级地方政府。实现农村人力资源开发政策创新，必须通过完善执行多元结构、健全监督控制

网络以及合理配置政策资源等来优化农村人力资源开发政策的执行系统,增强政府对政策的执行能力,提高政策创新的效率和质量。

一、完善政策执行多元结构,优化政策执行效能

科学的政策执行体制是农村人力资源开发政策创新能够有效实现的基本保障。随着社会主义市场经济的不断发展以及民主化进程日益加快,公共治理主体逐渐走向多元化。重庆农村人力资源开发政策作为地方政府公共政策的组成部分,其执行主体的多元化成为必然趋势。

信息技术的更新和互联网时代的到来,使新型公共管理模式逐渐向地方政府渗透,更多的私营机构、民主团体、自治组织和社会公众等成为政策执行的参与者,地方政府的政策分配过程逐渐由封闭走向开放。在重庆农村人力资源开发政策创新过程中,虽然重庆市各级地方政府是政策执行的主导者,但是引入市场机制,使政策参与主体多元化,才能让政策创新不置空闲。具体做法是:第一,实现公共政策系统内部主体多元化。一方面,将决策职能和执行职能分开,实现决策与执行主体的分离,使政策决策权、执行权相互独立而又协调制约。决策部门负责政策决策、监督和协调,而执行部门则开展具体的执行程序,并对执行结果给予反馈。另一方面,实现执行机构设置的科学化,即根据新出现的政治经济问题,在保证常设机构管理职能的基础上适时设立专业性临时机构,提高政策系统对公共问题的回应效率。第二,凸出非政府组织在政策执行中的主体地位。非政府组织既是政策的执行对象,又是政策的重要执行主体,更是连接政府与农民的中间桥梁。地方政府要适当给予非政府组织政策执行空间,增强其政策执行权力,通过非政府组织对农村人力资源开发政策的解释宣传、反馈民意,充分体现农民群众的主体地位,从而提高农村人力资源开发政策创新执行效能。

二、健全政策系统监督机制,搭建控制网络体系

健全农村人力资源开发政策系统的监督控制机制,是防止政策目标偏离的重要手段。政策的制定和执行过程实质上是利益的再分配和社会资源的再整合,政策系统作为政策主体,有着自身的利益需求。因此,要实现农村人力资源开发政策创新目标,必须强化对政策系统的监督控制,逐步完善监督体系。

政策系统监督体系包括各级权力机关、专门监督机关、农民群众、社会监督等。其中,重庆市各级权力机关是指地方各级人民代表大会及其常务委员会,具有宪法

和法律赋予的监督职责。加强权力机关的监督力度,必须将权威性和惩罚性结合起来,充分利用质询、罢免等职责对政策执行人员的违法行为进行惩戒,并不断探索新的监督方式。专门监督机关是通过立法等形式在保证行政监察机关独立性的基础上,对政策系统实施监督控制职能。由于专门监督机关处于政策系统内部,往往具有依附性特征。因此,加强专门监督机构的独立性建设,保证其监督职权的顺利执行,为政策创新目标的实现扫清障碍,是重庆市各级政策系统的一项重要任务。广大农民群众是农村人力资源开发政策的直接客体,采取多种形式鼓励农民参与到政策系统监督体系中来,增强农民的监督意识是政策创新的内在要求,也是农民实现自身利益的有效手段。社会监督是随着大众媒介的发展,通过充分利用社会舆论的作用,实现对政策系统的广泛监督和影响控制。社会监督是以立法为支撑、以权力为保障的监督体系。重庆市要加强对社会监督立法,明确其对公共权力的监督权限,使社会监督成为经常性、合法性、规范性的控制网络,从而为重庆农村人力资源开发政策创新创造条件。

三、合理配置政府政策资源,发挥效益执行功能

针对各级地方政府政策资源总体不足的客观情况,应该重点投入政策资源。农村人力资源开发政策执行系统应当把政策资源优先使用到亟待解决的问题上,以期迅速解决政策问题,并带动相关政策因素向良好方向转化。

一是合理配置各级地方政府人力资源,其基本要求是政府人力资源的公开配置、公平配置、竞争配置和高效配置,做到人尽其才,人尽其用,人事相宜,最大限度地发挥人力资源的作用。其一,明晰党管人才与市场化配置的关系。各级地方政府人力资源的市场化配置,是在坚持党的统一领导下对党管人才具体方式方法的完善。在配置方法上,要公开岗位与任职条件,保证公平竞争,要充分考虑农村人力资源开发政策的执行特征,录用的人才要"下得去基层、听得懂民意、做得了时事"。其二,建立各级地方政府人力资源市场化配置机制,破除政府人力资源有效配置的体制障碍。不断深化人事制度改革,建立干部选拔任用的竞争机制,取消各区、各镇、各部门间的行政割据等。

二是合理配置各级地方政府财物资源。农村人力资源开发政策的有效执行需要有必要的财务资源的投入,充足的经费和物资设备供给是政策执行的重要保障。各级地方政府的政策执行经费主要来源于国家预算和地方税收,因而政策执行的财物资源是有限的,加强政策执行的财物资源配置必须注意"开源"和"节流"相结合。"开源"的渠道源于多元投资,除政府财政拨付外,还应充分利用社会捐助、企业投资、农村自治组织等社会资源;"节流"要求对政策执行的成本收益进行分析,避免浪费。

三是合理配置各级地方政府信息资源。农村人力资源开发政策的执行是一个信息流转与控制的过程,为达到政策执行的预期效果,政策执行者和接受者之间必须进行有效的信息沟通和交流。优化配置政策信息资源,必须保证充足的信息来源,科学的信息加工,畅通的信息传播和完全的信息产出。因此,畅通农民参与的信息渠道,加强农村人力资源开发政策信息的传播、反馈和监督,提高信息资源的有效利用率,是农村人力资源开发政策创新的必要前提。

第四节　持续发展农村经济,集聚政策创新的承载效应

充分的资源供给,是农村人力资源开发政策创新的重要条件。通过统筹城乡、转变经济发展方式和优化产业结构等主要手段,促进农村经济社会转型升级,提升重庆区域经济发展水平,增强对农村人力资源的吸纳能力,并以经济资源的最优组合及其对人力资本的充分投资,使人力物力能够有效集聚,合理配置政策资源,提高重庆农村人力资源开发政策执行的物质保障水平,从而达到政策创新的最佳承载效应。

一、统筹城乡经济发展,奠定物质基础

在当前形势下,统筹城乡经济发展是促成农村人力资源开发政策创新的物质基础。城乡二元分治导致各项资源流向城市,农村经济发展动力不足,农村人力资源开发物质基础匮乏,致使政策创新抓力不稳。从发达国家的发展历程来看,城乡融合是经济发展、社会和谐的必然趋势。

统筹城乡经济发展,基本原则是以人为本,重点是解决"三农"问题,关键是促进农村人力资源开发,主要手段是以工促农、以城带乡,具体把握农村的基础建设和社会事业发展问题。从农村内部考虑"三农"问题,是将农村发展孤立于整体经济体制之外的不科学做法,进而将农村人力资源开发仅看作农村内部经济发展问题来解决,是重形式而忘乎实质的不当之举。"三农问题的症结不是三农本身,而

在于与农业、农村经济密切相关的宏观经济体制和政府的政策导向"。① 因此,农村人力资源开发政策须切实加强城乡经济互动联系,将农村人力资源开发放到城乡经济发展结构中来。统筹城乡发展是一项复杂而长期的战略任务,重庆市必须立足当前经济发展实际,按照战略目标,逐步完善阶段性政策体系,以城乡经济协调发展增强农村经济实力。重庆市作为全国统筹城乡综合配套改革试验区,必须在区域协调发展和改革中明确其战略地位,首要任务是促进经济平稳较快增长,将短期效益与长期利益结合起来,从战略高度和全局把握上力求城乡经济统筹发展,不断增强重庆城乡发展活力,从而在劳动力市场一体化及其公共服务公平化的基础上努力实现农村经济持续稳定增长,着力解决农民发展和农民增收问题,以物质集聚效应将农村人力资源开发政策创新推向新阶段。

二、转变经济增长方式,助力政策创新

转变经济增长方式,旨在以生产要素组合及其利用的有效构成方式来促进经济发展,是农村人力资源开发政策创新的内在要求。经济增长方式按外延和内涵划分共有两种:一种是通过生产要素投入的增加来提高生产总量,称为"粗放型经济增长";另一种是通过综合要素生产率来提高生产总量,称为"集约型经济增长"。② 由粗放型增长方式转变为集约型生产方式是经济发展的普遍规律,体现了人力资本要素和先进科学技术在经济增长中占主导地位。

重庆目前正处于粗放型经济向集约型经济转型的阶段,经济增长大部分依靠高投入和高消耗,对于人力资本和先进技术的投入及其利用效率还很低。因此,在物质资源有限的前提下,通过创新先进技术、培养专业型人才、改革管理体制等转变经济增长方式,才是促进经济又好又快发展的有效手段。在重庆市现行经济体制下,经济协调发展和社会持续稳定的重心是农村经济增长方式的转变,通过释放农村经济发展的资源和资本,实现集约型经济增长。一是实现农业产业化,通过拓宽渠道和产业联结,使农业发展形成利益共享、风险共担的经济共同体,促进第一产业由数量型向质量型转变,农民增收由增加物质投入向集约经营型转变。二是实行农科教结合,提升科技创新与运用能力。科技兴农是实现农村经济增长的必然要求,其中资金投入是关键,职业教育是基本途径。三是促进农村产业结构多元化,鼓励乡镇企业发展,形成农村剩余劳动力的就近转移路子,通过农业经济和非

①柏群,何淑明.统筹城乡背景下重庆农村人力资源开发研究[M].重庆:重庆大学出版社,2011.

②毛德智.中国农村人力资源开发问题研究[D].湖北:华中农业大学博士学位论文,2006.

农经济的有机结合,提高农村劳动生产率。

在农村经济增长过程中,人才是核心生产要素,只有提高农村人力资源的素质和质量,充分发挥人的能动性、积极性和创造性,才能实现技术的改革创新和广泛运用,才能以科学的管理体制组合经济各要素。因此,实现农村经济增长方式向资本密集型和技术密集型转变,必然要求农村人力资源实现有序开发及其政策创新。

三、优化农村产业结构,挖掘自纳潜力

农村产业结构对农村经济发展具有直接的和重要的影响,产业结构优化对农村人力资源开发政策创新的促进作用主要体现在对农村人力资源的自我吸纳上。随着科技化、机械化生产在农业领域的广泛运用,第一产业对劳动力的需求量减少,大量农村剩余劳动力亟须通过产业结构重组来进行重新分配,从而提高劳动生产率。

重庆市人多地少,农村区域大部分处于山区,土地人均占有量少,农业产业发展势必面临以比较优势的原则进行的农业结构和区域布局的再调整,这一过程必然要求农业劳动力向非农产业的加快转移。因此,通过农业产业化经营和农村产业结构优化,增强农村内部人力资源的吸纳能力,从而实现农村剩余劳动力就近转移和就业,是促进农村人力资源开发的重要渠道,可为农村人力资源开发政策创新提供实施条件。要实现农村产业结构优化,须做到以下几点:一是明确农民土地使用权益,改革土地经营制度。依法保障农民对土地的使用权、经营权和收益权,规范土地流转程序。二是发展区域特色产业。如重庆市巴南区先行先试,率先推进三大特色产业,即现代都市型农业、乡村旅游业和乡村生态养生业,建成了全市最大的农产品基地,截至 2011 年,农民专业合作社达到 100 个。特色产业不仅增加了农民的收入,带动了农村经济的发展,同时使当地文化得到传播和发展。三是建立实用人才培养机制,构建多层次专业型人才培养体系。继续开展绿色证书培训、青年农民科技培训、职业培训等多项培训制度,推动专业型实用人才成为行业的带头人和领军人。四是进一步优化农业产业结构,提高农业综合效益。加强在农产品流通中的市场配置作用,以信息化带动农业产业调整,拓宽农业融资渠道,建立风险补偿机制。

小结

根据农村人力资源开发政策创新的理论内涵,结合重庆农村人力资源开发政策创新的影响因素,深刻把握重庆社会经济发展新形势、新常态,以创新驱动发展,提出重庆农村人力资源开发政策创新的四项对策建议,包括识别政策供需矛盾,形成政策创新的生态环境;提高政策制定能力,促成制定系统的科学整合;提升政策执行能力,保证执行系统的目标完成;持续发展农村经济,集聚政策创新的承载效应。

第十一章　研究结论与展望

重庆农村人力资源开发现状呈现出总量大、增速快,且素质偏低、人才资源配置不合理等主要特征。在重庆农村人力资源开发政策变迁轨迹与演进趋势分析的基础上,通过对直辖以来的政策效应进行分析,可知既有政策难以进一步促进农村人力资源的有效开发。在"四化"发展新形势下,实现农村人力资源开发政策创新,是政策变迁走向良性发展的基本途径,也是促进农村人力资本有效提升、实现农村经济发展与城乡统筹的重要突破点。重庆农村人力资源开发政策创新是在重庆市既有政策的结构归纳和变迁规律总结的基础上,对现有政策释放效应不足进行反思和规避,从而面向未来农村人力资源开发政策趋势做出的改革与创新。本书在理论规范的基础上,以重庆农村人力资源开发政策创新为研究对象,通过历史比较分析方法、归纳演绎分析方法、计量统计分析方法等定性与定量研究方法的集成运用,从既有政策透析、政策效应评价和影响因子分析三个维度,对农村人力资源开发政策创新进行了系统研究,并为重庆农村人力资源开发政策创新提供了总体性和框架性的对策建议。

第一节　研究结论

1.农村人力资源开发政策变迁是系列相关政策转换、替代与交替的过程,是高效率的新政策对低效率的原始政策的替代。

农村人力资源开发政策随着社会政治、经济、社会等诸系统变量的改变而不断变化,根据交易成本理论(政策或制度的产生源于交易成本的降低或潜在利润的获取),其最终目的是实现交易成本最小化、政策收益最大化。农村人力资源开发政策变迁具有不可逆转性。但是,政策变迁也具有记忆性特征,即所谓的"路径依赖",具体表现为农村人力资源开发政策的滞后性。事实上,农村人力资源开发政策变迁是一个由众多局中人(包括政党、地方政府、农民组织、农民个人等)参与的互动博弈过程,只有博弈平衡才能达到政策需求与供给的均衡状态。

2.农村人力资源开发政策创新本质上是在社会经济发展新形势下,地方政府采取新的价值标准、重组政策参与主体、优化政策资源、使用多元化创新方式,对原有农村人力资源开发政策进行扬弃和超越的过程。

农村人力资源开发政策创新的宗旨是实现农村人力资源的有效开发,手段是政策创新,关键受益主体是农民,最终目标是实现城乡经济协调发展和社会稳定。农村人力资源开发政策创新的内容包括教育政策创新、培训政策创新、医疗保障政策创新和劳动力流动政策创新。以政策创新驱动发展,是提高农村人力资源质量、调整农村人力资源结构、推动国民经济快速健康发展的重要途径。

3.农村人力资源开发政策变迁与政策创新具有内在联系,实现农村人力资源开发政策创新是促进政策变迁良性发展的必然趋势。

农村人力资源开发政策变迁虽然不完全等同于政策创新,但是从农村经济增长、城乡统筹发展的角度出发,应当以政策创新为方向,以实现政策创新为目标。但是,从过程方面来说,政策创新是政策变迁的主要手段和工具,政策变迁是政策创新的结果。只有通过大量的政策创新活动,才能真正实现政策向更高层次变迁。因此,要实现农村人力资源开发政策不断向更高层次演进,取得更好的变迁绩效,必然要加大力度进行政策创新。

4.重庆直辖以来的农村人力资源开发政策的变迁始终坚持以人为本为主线,政策框架包括教育培训政策、社会保障政策、人才队伍建设政策、新型农民组织政策、就业创业政策、财税金融政策和户籍制度改革政策。

通过对重庆直辖以来107个农村人力资源开发政策的时序概览,可知重庆农村人力资源开发政策框架包括教育培训、社会保障、人才队伍建设、就业创业、新型农民组织、财税金融和户籍制度改革共7个政策模块。从政策的历史演变角度来看,重庆农村人力资源开发既有政策的演进趋势主要是以"以人为本"为主线,以打破制度障碍为根本支撑,逐步实现农民发展和农民增收问题。

5.由于主体机制不协调、制度体系不规范、农民素质不合理、经济发展不到位等原因的叠加影响,重庆农村人力资源开发政策效应不能有效释放。

农村人力资源开发政策不仅对农民发展及农村区域经济增长具有明显的内部影响效应,并且其辐射效应涉及社会经济等其他领域和地区。从农村人力资源开发的现状描述来看,重庆农村人力资源总量大、质量低、结构配置不合理。进一步地,通过内生效应和外生效应两个方面,深入评价重庆农村人力资源开发政策的效应问题,得出重庆农村人力资源开发政策效应释放不足,是重庆农村人力资源开发滞后的关键因素,其阻滞结构包括主体机制不协调、制度体系不规范、农民素质不合理、经济发展不到位等4个方面。

6.农村人力资源开发政策创新是多维度因子相互制约、共同作用的结果,其指标结构具有多重性,因子链条纷繁复杂。

根据指标体系构建原则,在数据处理和理论模型设计的基础上,运用现代化计量分析统计软件 PASW statistics 18.0 和 Eview 6.0,将制度环境、经济发展、主体机制、农民发展与政策系统 5 个层面共 15 个指标作为重庆农村人力资源开发政策创新的影响因子进行了计量化分析。得出:农民全面发展是重庆农村人力资源开发政策创新的内在要求;经济持续稳定发展是重庆农村人力资源开发政策创新的基础前提;合理的制度环境是重庆农村人力资源开发政策创新的重要保障;主体联动机制是重庆农村人力资源开发政策创新的动力源泉;政策系统优化是重庆农村人力资源开发政策创新的基本通道。

7.农村人力资源开发政策创新是新形势下"四化"发展的现实选择,确立重庆农村人力资源开发政策创新的目标定位,并构建其基本框架,是重庆农村人力资源开发政策创新路径选择的战略基础。

重庆政府在总揽全局、科学发展的基础上,将农业现代化、新型工业化、新型城镇化和城乡发展一体化作为经济社会发展阶段性的时势任务,是在新形势下对城乡关系的深刻认识和把握。重庆农村人力资源开发政策创新的目标定位包括战略目标定位、价值目标定位和内容目标定位 3 个方面。其基本框架是:以科学性原则、整体性原则、超前性原则和阶段性原则为四大指导原则;以制度改革为重点;以改革性制度、发展性政策、激励性政策和保障性政策为体系架构;通过农民首创式、政府推动式、上下互动式和相互借鉴式等方式,推进重庆农村人力资源开发政策创新。

8.构建以政府主导带动、农村内生推动、市场良性互动的"三位一体"联动机制协调路径是重庆农村人力资源开发政策创新的动力源泉。

重庆要进一步推动农村人力资源开发政策创新,必须立足重庆实际,从协调处理好农村人力资源开发政策系统各要素之间的关系出发,具体协调好政府、农民和农村内部、市场等主体的动态运作关系。围绕着基本的社会权利,政策制定者应当以具体政策为着力点,为农村人力资源开发提供相应的服务和产品,其政策架构体系可划分为保障型的问题取向政策、保障型的激励取向政策、发展型的问题取向政策和发展型的激励取向政策。同时,有效的人力资源开发需要依托健全的主体机制设计,"角色定位、关系到位、动力上位"是农村人力资源开发机制设计的关键,更是保证政策产生联动效应的力量集合。构建"政府主导带动,农村内生推动,市场良性互动"三位一体的农村人力资源开发机制是当前新农村建设、统筹城乡发展的必然趋势。

9.实现农村人力资源开发政策创新的核心内容是实现制度环境、政策制定系统、政策执行系统、农村经济等 4 项内容的改革与创新。

重庆农村人力资源开发政策为农村经济及全市社会稳定发展做出了突出贡献,农村人力资源在社会经济发展过程中日益占据重要地位。根据重庆市政策发展体系,针对当前农村人力资源开发政策效应释放不足及其阻滞结构问题,并结合农村人力资源开发政策创新的影响因子,提出重庆农村人力资源开发政策创新的对策建议如下:识别政策供需矛盾,形成政策创新的生态环境;提高政策制定能力,促成制定系统的科学整合;提升政策执行能力,保证执行系统的目标完成;持续发展农村经济,集聚政策创新的承载效应。

第二节　研究展望

本书从政策变迁和政策创新两个维度对重庆农村人力资源开发政策进行了理论分析和实证研究,得出了重庆直辖以来农村人力资源开发政策变迁轨迹与演进趋势,通过效应分析揭示出当前农村人力资源开发政策存在的问题,并提出了适应重庆时势发展的农村人力资源开发政策创新对策建议。但是本书还存在不足,为提升地方政府决策的科学性,促进农村人力资源更有效的开发,在今后的研究中可以从以下几个方面来进一步探索和完善农村人力资源开发政策:

一是在实证研究的指标选取部分,由于外生效应影响范围较大,而量化指标信息获取有限,因此对重庆农村人力资源开发政策的外生效应评价仅选取了城乡统筹一体化这个指标体系,可能存在片面性。因此在今后的研究中可将农村人力资源开发政策的外生效应作为一个体系,进行综合性、系列性的研究。

二是本书的研究内容更多地侧重于宏观层面,有必要在微观层面或操作层面进行深化研究。譬如对于重庆农村人力资源政策创新的对策建议,倾向于总体性的协调和宏观把握,有待于根据地方政府实际情况对各项措施具体化。因此,对各地进行调研,是今后研究的一个重点。

三是本书着重于对重庆农村人力资源开发政策变迁与创新路径的研究,具有地方性和区域性特点。虽然重庆市地域发展情况在一定程度上具有全国的缩影,存在代表性意义。但是要在全国范围内实现农民素质的提高、城乡统筹一体化以及农村经济的协调发展,还需要在总体上把握,对全国农村人力资源开发政策进行探索和研究。

参考文献

外文文献类

[1]Lucas,R.E. On the Mechanics of Economic Development[J]. Journal of Monetary Economics，Vol.22,1988.

[2]Lutz,Ernst and Micheal Young. Integration of Environmental Concerns into Agriculture Politics of Industrial and Developing Countries[J]. World Development,1992(20).

[3]Van Crowder,L. Women in Agriculture Education and Extension,FAO, Rome(Italy).Research[M]. Extension and Training Div,1997.

[4]Pierce,John,T.Agriculture,Sustainability and the Imperatives of Policy Reform[J].Geo forum,1993(24).

[5]Robert Eyestone.The Threads of Public Policy：A Study in Policy Leadership[J].Indianapolis，1971(18).

[6]Tomas R.Dye.Understanding Public Policy[J].New Jersey，1975.

[7]Hogwood,W.Brian & B.Guy Peters[J].Policy Dynamics.NY：St.Martin's Press,1983.

[8]Amartya Sen.Poverty and Famines. An Essay on Entitlement and Deprivation[M].Oxford：Clarendon Press,1982.

学术专著类

[1]李克强.农民收入、农民发展与公共产品供给研究[M].北京：中国社会科学出版社,2010.

[2]李燕萍,涂乙冬.新型农民开发与新农村建设[M].武汉：武汉大学出版社,2012.

[3]邓大松,刘昌平.新农村社会保障体系研究[M].北京：人民出版社,2007.

[4]解安.“三农”工作机制创新：一条独特的路径[M].北京：清华大学出版社,2013.

[5]彭文贤.行政生态学[M].台湾:台湾三民书局,1988.

[6]王国红.政策规避与政策创新——地方政府政策执行中的问题与对策[M].北京:中共中央党校出版社,2011.

[7]吴雨才.中国农村人力资源开发政府行为研究[M].北京:经济科学出版社,2012.

[8]牛春梅,李晓玲,方艳.农村常用政策与法律[M].北京:中国劳动社会保障出版社,2011.

[9]刘祖春.中国农村劳动力素质与农村经济发展研究[M].北京:中国社会科学出版社,2009.

[10]宋洪远.中国农村形势政策读本[M].北京:中国农业出版社,2012.

[11]柏群,何淑明.统筹城乡背景下重庆农村人力资源开发研究[M].重庆:重庆大学出版社,2011.

[12]滕玉成等.基于城乡一体化的农村人力资源发展研究[M].济南:山东大学出版社,2010.

[13]吴江.城乡统筹视阈下中国新型城镇化的路径选择:基于重庆的实证[M].重庆:西南师范大学出版社,2014.

[14]戴维斯,诺斯.制度创新的理论,财产权利与制度变迁[M].上海:上海三联书店,1994.

[15]陈振明.公共政策分析[M].北京:中国人民大学出版社,2002.

[16]托马斯·R.戴伊著;谢明译.理解公共政策(第十二版)[M].北京:中国人民大学出版社,2010.

[17]丁煌.政策执行阻滞机制及其防治对策——一项基于行为和制度的分析[M].北京:人民出版社,2002.

[18][美]詹姆斯·E.安德森.公共决策[M].北京:华夏出版社,1990.

[19]朱旭峰.政策变迁中的专家参与[M].北京:中国人民大学出版社,2012.

期刊论文类

[1]孔春梅."三农"问题与农村人力资源开发[J].人口与经济,2004(5).

[2]袁兆亿.推进产业人才战略,加快经济转型升级[J].广东科技,2008(7).

[7]王婉玲.人力资本投资是解决三农问题的突破口[J].改革与战略,2004,20(10).

[3]曾国平,李汝义.社会主义新农村人力资源开发的着力点研究[J].重庆大学学报(社会科学版),2006,12(6).

[4]白硕,吴江,王邦祥.城乡统筹视野下的重庆市人力资源现状及对策研究

[J].西南农业大学学报(社会科学版),2007,5(2).

[5]江凌,王德新.统筹城乡发展视野下的重庆市农村人力资源开发[J].西南师范大学学报(自然科学版),2009,34(6).

[6]吴江,杜焕英.统筹城乡发展的突破口:农村人力资源开发——基于内源效应实现角度的分析[J].求实,2009(4).

[7]唐荣卞.铜梁县农村富余劳动力转移的现状与对策初探[J].重庆行政,2007(2).

[8]杜焕英,吴江.重庆农村人力资源开发的提升空间与机制设计[J].乡镇经济,2009(10).

[9]吴江,申丽娟.城乡统筹发展与农村人力资源开发的互动关系——基于重庆的经验证据[J].西南师范大学学报(自然科学版),2011(2).

[10]郭小聪.中国地方政府制度创新的理论:作用与地位[J].政治学研究,2000(1).

[11]陈天祥.对中国地方政府制度创新作用的一种阐释[J].中山大学学报(社会科学版),2004(4).

[12]李晓杰.农村劳动力转移政策研究[J].社会科学战线,2007(3).

[13]黄红华.统筹城乡就业中的政策工具——以浙江省湖州市为例[J].中国行政管理,2009(2).

[14]兰景力.中国农村劳动力转移的相关政策影响分析[J].学术交流,2011(4).

[15]张乐天.论现阶段我国农村教育政策变革与创新[J].南京师大学报(社会科学版),2006(3).

[16]李涛.对统筹城乡教育综合改革试验的若干建议——基于试验区重庆之微观视角[J].西华大学学报(哲学社会科学版),2008(5).

[17]林义,张海川.构建养老保险长效机制的8点政策建议[J].中国社会保障,2004(8).

[18]王欧,戚霞.建立养老保险的长效机制 促进可持续发展[J].辽宁经济,2005(10).

[19]严荣.公共政策创新与政策生态[J].上海行政学院学报,2005,6(4).

[20]陈晓华.现代农业发展与农业经营体制机制创新[J].农业经济问题,2012,33(11).

[21]曹明贵.政府是贫困地区农村人力资源开发的宏观主体[J].现代商业,2010(18).

[22]王秀芳,张玮玮.农村人力资源开发中政府参与现状及对策[J].江南社会

学院学报,2011(4).

[23]宋凡金,彭娟.城乡统筹视野下新农村人力资源开发的激励机制研究[J]社会科学战线,2011(2).

[24]梁馨月.重庆直辖以来地方性法规发展历程回顾——从追求数量到提高质量[J].重庆科技学院学报(社会科学版),2013(2).

[25]张云昊.大学人文社会科学教育影响政策变迁的理论模型建构[J].社会科学管理与评论,2013(1).

[26]何云辉.高校毕业生就业政策变迁的动力机制研究[J].江苏高教,2011(5).

[27]赵义华.我国高校定位政策的变迁及其动力[J].国家教育行政学院学报,2012(3).

[28]张峰,韩丹.论新中国高校思想政治教育政策变迁的动力机制[J].东北师大学报(哲学社会科学版),2012(3).

[29]黄绪,凌宁.服务进城务工群体政策变迁的动力分析[J].岭南学刊,2014(1).

[30]田华文,魏淑艳.政策论坛:未来我国政策变迁的重要动力——基于广州市城市生活垃圾治理政策变迁的案例研究[J].公共管理学报,2015,12(1).

[31]杨代福.西方政策变迁研究:三十年回顾[J].国家行政学院学报,2007(4).

[32]陈潭.公共政策变迁的理论命题及其阐释[J].中国软科学,2004(12).

[33]陈潭.公共政策变迁的过程理论及其阐释[J].理论探讨,2006(6).

[34]杨涛.间断—平衡模型:长期政策变迁的非线性解释[J].甘肃行政学院学报,2011(2).

[35]朱旭峰.中国社会政策变迁中的专家参与模式研究[J].社会学研究,2011(2).

[36]杨立华,申鹏云.中国政策变迁中的专家参与模式——评《政策变迁中的专家参与》[J].公共行政评论,2013,6(3).

[37]王湘芹.陕西农村人力资源发展现状、问题及对策[J].陕西农业科学,2009,55(3).

[38]张晓妮.关于开发西部农村人力资源的思考[J].中国农学通报,2005,21(10).

[39]何凤霞.关于西部农村人力资源开发的思考[J].农村经济,2003(12).

[40]蔡军,刘濛.河北省农村人力资源开发的现状与对策研究[J].中国农业资源与区划,2012,33(3).

[41]隋晔.政府诱导型农民培训投资机制研究[J].长江大学学报(社会科学

版),2010(4).

[42]李大胜,李琴.农业技术进步对农户收入差距的影响机理及实证研究[J].农业技术经济,2007(3).

硕博论文类

[1]胡鑫.城乡统筹发展视角下重庆农村人力资源开发研究[D].重庆:重庆大学,2010.

[2]张焕英.城乡统筹发展背景下的重庆市农村劳动力转移研究[D].重庆:西南大学,2011.

[3]张宝伟.城乡统筹背景下重庆市农村人力资源开发研究[D].重庆:重庆工商大学,2009.

[4]张美珍.农民专业合作社人力资源开发研究[D].陕西:西北农林科技大学,2010.

[5]贺喜灿.人力资源开发视角的农民增收长效机制研究[D].江西:南昌大学,2010.

[6]王文峰.河南省农村人力资源开发研究[D].北京:北京林业大学,2013.

[7]欧阳敏.重庆市农村劳动力转移对城乡收入差距的影响分析[D].重庆:重庆工商大学,2011.

[8]毛德智.中国农村人力资源开发问题研究[D].湖北:华中农业大学,2006.

[9]郝婷.农民培训长效机制研究[D].陕西:西北农林科技大学,2012.

[10]王艳.中国保险公司制度变迁与创新研究[D].吉林:吉林大学,2014.

[11]庄文忠.政策体系与政策变迁之研究——停建核四政策个案分析[D].台北:台湾政治大学,2003.

[12]毛隽.中国农村劳动力转移研究——基于制度变迁视角[D].上海:复旦大学,2011.

[13]陈洛.中国西部人力资源开发研究[D].北京:中央民族大学,2003.

电子文献类

[1]人民网.95%农村劳力属体力型 农民教育培训力度将加大[EB/OL].http://www.cqlabour.gov.cn/Details.aspx? ci=125&psi=8&topicId=179958,2006-11-6.

[2]程志毅.新型城镇化的两大重点[EB/OL].人民网.http://theory.people.com.cn/n/2015/0202/c40531-26490460.html,2015-2-4.

[3]国务院推动农民工创业　电子商务创业人员将入社保[EB/OL].京华时报.http://finance.qq.com/a/20150622/004131.htm? pgv_ref＝aio2015&.ptlang＝2052,2015－6－22.

[4]2012年重庆市农业农村人才工作成绩显著[EB/OL].重庆市政府公众信息网.http://www.cqagri.gov.cn/Details.aspx? ci＝2064&.psi＝6&.topicId＝468998,2012－12－17.

[5]习近平:在为民办事中落实以人为本的理念[EB/OL].光明日报.http://www.gov.cn/2007lh/content_544280.htm,2007－3－7.

[6]2015年中央一号文件发布(全文)[EB/OL].http://money.163.com/15/0201/19/AHD3KP9Q00251OB6.html,2015－2－1.

[7]阳光重庆2014－2015年社保类诉求分析报告[EB/OL].http://www.ygcq.com.cn/special/20150501/content_2416.shtml,2015－4－20.

[8]黄奇帆详解重庆户改的破冰之旅　不允许下指标[EB/OL].重庆日报http://cq.qq.com/a/20101104/000027.htm,2010－11－5.

后 记

　　农村人力资源开发是促进农村经济社会发展的力量源泉，也是现代化进程的必然趋势。充分发挥政策对重庆农村人力资源开发的基础性指导作用，是重庆处于社会转型时期的重要体现。重庆农村人力资源开发取得成效的关键在于政策的跟进，但是政策的滞后性及效应释放的不足是阻碍重庆农村人力资源进一步开发的决定性因素。因此，从长远来看，重庆要提高城镇化质量、加快推进农业现代进程和实现城乡统筹发展，必须立足实际，以创新驱动发展，实现重庆农村人力资源开发政策创新。

　　本书既是西南大学公共管理学科建设工程的成果之一，又是重庆市人文社会科学重点研究基地项目"重庆市农村人力资源开发的机制设计与政策创新研究"和重庆市教委高校人文社会科学研究项目"重庆农村人力资源开发政策的变迁轨迹与效应评价研究"的研究成果。本书由西南大学政治与公共管理学院教授、重庆市人文社会科学重点研究基地西南大学农业教育发展研究中心副主任吴江博士与重庆邮电大学移通学院李梅合作完成。吴江设计本书的写作大纲、篇章结构，负责全书的统稿、逐章修改定稿并撰写第一章、第三章、第八章、第九章、第十章和第十一章，李梅撰写第二章、第四章、第五章、第六章和第七章。

　　本书的出版，得到了西南大学政治与公共管理学院、重庆市人文社会科学重点研究基地西南大学农业教育发展研究中心、重庆市人文社会科学重点研究基地西南大学三峡库区经济社会发展研究中心、西南大学公共事务与基层政府治理研究中心、西南大学统筹城乡发展研究院区域经济与发展战略研究中心的关心和支持。本书引用和借鉴了学界对此问题研究的部分观点和内容，在此一并表示感谢。同时，我们还要特别感谢西南师范大学出版社张昊越编辑为本书顺利出版所付出的辛勤劳动。

　　受作者水平所限，书中不足与疏漏甚至谬误之处在所难免，敬请专家学者和读者批评指正。

吴江

2016 年 11 月 18 日定稿于西南大学黄树村